A INFÂNCIA DE ADÃO
E OUTRAS FICÇÕES FREUDIANAS

Fabio Herrmann

A INFÂNCIA DE ADÃO
E OUTRAS FICÇÕES FREUDIANAS

Teoria dos Campos
Coleção Psicanalítica

© 2002 Casa do Psicólogo Livraria e Editora Ltda.
É proibida a reprodução total ou parcial desta publicação, para qualquer finalidade, sem autorização por escrito dos editores.

1ª Edição
2002

Produção Gráfica & Editoração Eletrônica
Renata Vieira Nunes

Revisão Gráfica
Sandra Regina Souza

Capa
Renata Vieira Nunes

Dados Internacionais de Catalogação na Publicação (CIP)
(Câmara Brasileira do Livro, SP, Brasil)

Herrmann, Fabio
 A infância de Adão e outras ficções freudianas /Fabio Herrmann. — São Paulo: Casa do Psicólogo, 2002. —
(Teoria dos campos clínica psicanalítica)

Bibliografia.
ISBN 85-7396-199-6

1. Ficção psicológica 2. Freud, Sigmund, 1856-1939
3. Psicanálise – Interpretação 4. Psicanálise – Teoria 5. Psicologia clínica I. Título. II. Série.

02-3800	CDD-150.1952

Índices para catálogo sistemático:
1. Ficções freudianas : Psicanálise : Psicologia   150.1952

Impresso no Brasil
Printed in Brazil

Reservados todos os direitos de publicação em língua portuguesa à

Casa do Psicólogo® Livraria e Editora Ltda.
Rua Mourato Coelho, 1.059 – Vila Madalena – CEP 05417-011 – São Paulo/SP – Brasil
Tel.: (11) 3034.3600 – E-mail: casadopsicologo@casadopsicologo.com.br
http://www.casadopsicologo.com.br

Índice

Prefácio 7

A Ficção Freudiana 9

Notícia de Límbia 21

Bondade 35

Bashô 39

Zêuxis 43

A Realidade Indistinguível 47

Três Esboços para Inventar a Realidade 61

O XADREZ É UM ESPORTE VIOLENTO 61

FORTUNA IMPERATRIX MUNDI 64

AMAUROSIS SCACHISTICA 70

A Infância de Adão 77

No ZÔO 77

EM OBRAS 81

No ZÔO 84

ESCRITURAS 87

No ZÔO 91

O ÚNICO E VERDADEIRO DEUS 94

No ZÔO 99

DE COMO NÃO SER O MESSIAS 102

À PORTA DO ZÔO 111

De Nossos Antecessores (Fragmento 1) 115

O Escorpião e a Tartaruga 125

De Nossos Antecessores (Fragmento 2) 147

Morphée Garde Mes Rêves 155

Da Inveja Envergonhada 169

A Recompensa Merecida 175

Prefácio

As histórias e as especulações reunidas neste livro dialogam com certa orla interior da invenção freudiana, onde ciência e literatura andam juntas, continuando os experimentos de *O divã a passeio* e de *A psique e o eu*. Procuram retratar o processo analítico desta vez, em sua interioridade, que a descrição direta jamais consegue iluminar nem a teoria traduzir. A ficção, ao contrário, permite capturar o instante em que a emoção viva mostra sua lógica rigorosa, em que a história se transforma em transferência, em que as duplicações sub-reptícias do sujeito se cristalizam em palavras concentradíssimas de sentidos em vórtice.

Estas ficções foram escritas num período de pouco mais de dez anos, a partir do começo da década de 90. Quase todas são inéditas, à exceção de "A recompensa merecida", de "Bondade" e de "Bashô". A realidade indistinguível, por coerência à própria idéia, enviei-a ao Congresso Internacional de São Francisco — cujo tema era Realidade Psíquica — e, logo de haver sido também coerentemente recusada, apareceu na Revista Brasileira de Psicanálise. A reflexão "Da inveja envergonhada" nunca se publicou, mas foi apresentada ao Congresso Internacional de Santiago.

As linhas temáticas que percorrem estes ensaios de teoria e clínica, sob forma de ficção, são como os fios numa tapeçaria: criam os desenhos ao aflorarem a superfície do tecido, mas são os nós, ocultos no avesso, que sustentam a trama. Sendo ficção, do autor se desdobra um narrador e, deste, as personagens. Mas, tratando-se de ficções freudianas — vale dizer, de interpretações psicanalíticas —, esses eus que se desdobram por duplicação sub-reptícia não passam de indecisas personagens, que se tentam disfarçar de autor, de narrador e de sujeito da própria história, assim como o fazem todos os homens. Suspeito que o conjunto destas ficções freudianas obedeça ainda a algum outro sentido geral que, todavia, me escapa. Em Límbia, dificilmente se está seguro daquilo que se escreve.

Aproveito para agradecer a Denise e Martin Pungg, amáveis anfitriões no Tirol.

Fügen, Zillertal, janeiro de 2002.

A Ficção Freudiana

O fato inegável é que existe uma flagrante desproporção entre a obra de Freud e a obra reunida de todos os psicanalistas que o sucederam. A maior parte da Psicanálise encontra-se em Freud, mesmo depois de contar nossa disciplina já um século de existência, de já se terem passado mais de sessenta anos de sua morte e de serem os analistas algumas dezenas de milhares. Ser o pensamento freudiano uma referência obrigatória não constitui o cerne do problema. Isso se passa em extensão semelhante até nas ciências naturais, com respeito aos autores das suas mais importantes teorias. Ocorre também nas matemáticas, em que as demonstrações de Euclides ainda são repetidas há milênios ou o nome de Cantor reaparece em cada novo tratado. Talvez nunca deixe de ocorrer com a física de Newton ou a de Einstein. Com certeza, o mesmo seguirá acontecendo com a sociologia weberiana ou a economia política de Marx. O verdadeiro desafio não reside em superar e muito menos em esquecer Freud. Superá-lo, a fim de tornar prescindível a leitura atenta de seus escritos, não faz o menor sentido; quanto a esquecê-lo, isso é fácil e se tem feito amiúde, se não com o nome, com a essência da obra, bastando aderir ingenuamente a uma escola teórica, ainda que ao freudismo, ou praticar uma clínica intuitiva e leviana, para conseguir destacar do nome do fundador a substância de seu pensamento.

O problema só se mostra claramente quando refletimos sobre a natureza heurística da desproporção. A maior parte das descobertas psicanalíticas realizadas no campo da alma humana ainda são de Freud, numa arrasadora relação sobre o conjunto das obras das dezenas de milhares de analistas que o sucederam. Como se pode isso explicar? Haverá alguma analogia válida noutros campos de conhecimento?

Um caso comparável poderia ser o de Marx. Sua concepção da vida social produziu notável corrente de sucessores, bem como uma reviravolta no pensamento sociológico e político. Aparentemente, seu método dialético, "antítese direta do de Hegel" (Marx), encarnou-se também demasiado cedo num conjunto de princípios, teorias e observações muito completo, formando inextricável cânon interpretativo. Com isso, o marxismo permanece como um sistema internamente solidário, tal qual o freudismo, capaz de nutrir qualquer intelectual que a ele se dirija; mas não se abriu numa ciência geral, em que teorias particulares podem, em princípio, contraditar qualquer princípio estabelecido, desde que sigam com rigor o procedimento metodológico. Em comum com o marxismo, tem a situação da Psicanálise o caráter problemático de seu método, sobretudo a dificuldade em destacá-lo de teoria e prática. Em sã consciência, ninguém pensaria em confundir o método da física com a Teoria da Relatividade, nem muito menos em confundi-lo com determinada pesquisa no campo do eletromagnetismo, por exemplo. Cada teoria ou pesquisa encarna o método de sua respectiva disciplina de maneira particular, porém não há equívoco possível entre o procedimento metodológico geral de uma ciência e qualquer das realizações particulares que nele se modelam. No caso do marxismo e da Psicanálise, contrariamente, é quase impossível imaginar produções que recusem certas teorias gerais, como as de luta de classes ou de complexo de Édipo, e que, não obstante, permaneçam como exemplos válidos e aceitos da produção intelectual desses domínios. Já uma teoria física que violasse o segundo princípio da termodinâmica, embora quase certamente viesse a trazer descrédito para o autor, nunca deixaria de ser considerada como física.

Talvez seja também conveniente comparar a relação da obra de Freud com a de seus sucessores ao vínculo, tão problemático,

A INFÂNCIA DE ADÃO e outras ficções freudianas

vigente entre uma importante obra literária e a literatura posterior que nela se inspirou. Certo estilo, seja lá o que isso signifique precisamente em cada caso, passa da grande obra para as menores, certa temática, certa preferência pela concisão ou pelas digressões, um acento maior na reflexão ou na emoção etc. Em suma, não é possível realmente dizer o que aparenta um escritor às influências que o construíram e às que legou, embora rios de tinta se tenham vertido sobre esse assunto. É que, na literatura, não há, como é notório, um método a se destacar com clareza de suas realizações concretas. Tal como o grande escritor, que deixa seguidores em seu rasto, mas cuja obra dialoga apenas com aquelas de estatura comparável à sua, a obra de Freud espera ainda por seus pares, para que, da tensão, possa nascer um campo dialogal inclusivo. Hoje, ela domina o território psicanalítico sem contestação. Dentro dele, os fundadores de escolas teóricas influenciam-se reciprocamente, todavia não se continuam nem se acrescentam. Para atingirmos a madura autonomia de uma ciência completa, seria indispensável separar o método da Psicanálise das práticas e das teorias (freudianas ou escolásticas), a fim de o utilizar onde e como melhor nos aprouver. Tão difícil é isso em nosso caso, contudo, que, para distinguir a ciência da psique da prática clínica homônima, devo grafar com maiúscula a primeira e seu método geral, Psicanálise, reservando ao mais particular, às teorias e práticas, em especial à terapia de divã, a grafia comum, psicanálise.

Depois de haver dedicado o conjunto de *Andaimes do Real* a uma operação resgate do método psicanalítico — com resultados que ainda é cedo para julgar —, gostaria de aproximar-me do problema em pauta de forma mais simples. Qual a raiz de nossa dificuldade em continuar dignamente a obra de Freud; vale dizer: expandi-la a outros domínios temáticos, infirmar ou corrigir certas conclusões, propor teorias mais gerais que tomem as suas como casos particulares e assim por diante, como noutras ciências se faz?

Que tinha Freud que nós não temos? Gostamos todos de nos referir a Freud como gênio — e com certeza ele o foi —; contudo, não é preciso ser um gênio para continuar ou problematizar uma obra científica genial. Deixemos de lado também algumas idéias engenhosas, mas inconclusivas, como a de que sua posição de fundador, de pai da horda psicanalítica, leva a uma transferência paralisante. São formas de eludir o problema, mais que de o resolver, aplicando a Psicanálise a si mesma, com o fito contraditório de justificar sua dificuldade em progredir. O fato é que todos nós fazemos o que Freud fazia, ou pelo menos o que ele dizia que deveríamos fazer. Escutamos nossos clientes, às vezes os curamos, tentamos teorizar nossa experiência, lemos, estudamos, pensamos e escrevemos. Talvez aí resida uma pista. Todos escrevemos; Freud, contudo, escrevia sem parar. São milhares de cartas, esboços de artigos, livros, rabiscos, pensamentos no papel. Fora da área da literatura será difícil encontrar alguém que haja escrito tanto quanto Freud. Que faz um escritor de ficção? À força de tanto escrever, desenvolve um pensamento por escrito, que cria certo mundo com regras coerentes. Um mundo ficcional que espelha o mundo real, não porque o autor o ambicione descrever, mas porque, ao contrário, na busca de um simulacro plenamente auto-suficiente, tende a mimetizar um dos inúmeros planos de constituição da realidade.

Essa última sentença, de aparência óbvia, contém duas afirmações, que devem ser apreciadas separadamente no caso de Freud. A primeira é que há um pensamento por escrito, próprio da literatura. A organização linear do texto, o emprego de metáforas, de comparações e de cenas elucidativas para a apresentação das personagens, a transformação de idéias em enredo e a subseqüente reprodução das situações por meio da narrativa, onde tempo, espaço e atributos do ser mimetizam-se no espaço-tempo textual, no colorido sonoro e visual das frases, tudo isso determina uma forma muito especial de pensar. Escrevendo obcecadamente, Freud pensava por escrito, exatamente como o ficcionista. Em seu esforço para encontrar a expressão justa para a vida psíquica, fica evidente uma seleção do material a ser comunicado e uma modelagem conceitual operadas pelo próprio instrumento de comunicação. Idéias abstratas, assim como situações clínicas, vão sendo escolhidas a dedo e ordenadas sob o império das necessidades inerentes ao texto. Numa palavra, não é tudo que se pode pensar e comunicar por escrito, nem é indiferente a forma ao conteúdo.

A composição arquitetônica do aparelho psíquico que ideou, tanto na primeira, quanto na segunda tópica, é singularmente propí-

A INFÂNCIA DE ADÃO e outras ficções freudianas 13

cia à expressão literária; são lugares em oposição, que as figuras do psiquismo habitam e onde interagem, como mecanismos de defesa ou imagos inconscientes, obedecendo a regras tão estritas como as que regem o conto de fadas, por exemplo, onde cada gesto possui sempre significado preciso e acarreta conseqüências iludíveis. Os historiais clínicos são, aqui, história de amor, lá, conto detetivesco. Não é possível acreditar em simples coincidência: seria impossível para Freud trabalhar de uma maneira e escrever de outra, e ainda menos possível que, só por acaso, sua decifração dos sintomas de Dora, para ficarmos na história de amor, desembocasse exatamente numa lógica tão perfeitamente apta à narrativa. Freud devia tratar seus pacientes como escrevia, como literato. Os diálogos que dele nos chegaram, por outro lado, parecem muitas vezes extraídos de um romance ou de uma peça de teatro[1]. Não creio, aliás, que esteja cometendo qualquer abuso interpretativo ao julgar que Freud haja transformado a própria vida em obra literária, como se vivesse uma autobiografia em tempo real. Seus gestos pessoais parecem estudados para ter eficácia estética; a política que montou para o movimento psicanalítico, o comitê secreto, o círculo dos anéis, os rocambolescos complôs para alçar ou afastar certos discípulos oscilam entre o romance histórico e o folhetim. No fundo, Freud inventou o mundo anímico como quem escreve um grande romance, mas habitou-o como se fora uma de suas personagem.

Imaginemos entrar em seu consultório, na Berggasse, 19, em qualquer dia, naquele começo do século XX. Há um tanto do consultório médico da época, menos frio que os de hoje, porém acrescentado de sugestões discrepantes. Muitos livros, em primeiro lugar, indicando a presença de um sábio ou pensador. Depois, a coleção de antigüidades egípcias, etruscas e gregas, criando a impressão de estarmos diante de uma testemunha do tempo, perspicaz na decifração da essência profunda da história humana. De sua fama já teríamos alguma notícia àquela altura: que se considerava capaz de traduzir a

---

1. Veja-se, por exemplo, a descrição da consulta feita a Freud por um jovem poeta, Bruno Goetz, ao fim da qual, Freud teria entregue um envelope contendo 200 coroas, como "honorários pelo prazer que os versos e a história do poeta lhe haviam proporcionado". (Aspectos literários em Freud, in Marialzira Perestrello, *Encontros: Psicanálise &*, Imago, 1992, pág. 45 e segs.)

psique, que estudou e compreendeu o enigma dos sonhos, que investigou algumas grandes figuras históricas, mitos e religiões. Um homem imerso nos mistérios. O Egito estava na moda então; acreditava-se ser o berço de um saber esotérico, que os esoterismos da época procuravam imitar a qualquer preço: pendurado sobre o divã, lá vemos uma reprodução das colossais estátuas de Ramsés II, talhadas na rocha viva do templo de Abu-Simbel. O próprio divã, coberto de tapetes orientais, vistoso, imponente, esconde a poltrona onde se senta o Professor, convidando-nos a recostar. Nessa atmosfera prenhe de sugestões penumbrosas, talvez fôssemos levados a falar de imediato de nossos sonhos, talvez nos queixássemos dos sintomas de uma neurose, ou de incompreensíveis idéias recorrentes. Ele, contudo, haveria de atalhar-nos com perguntas precisas, exigindo detalhes e explicações, para, enfim, fornecer alguma interpretação lógica. Ou seja, num ambiente convidativo ao devaneio, Freud assumiria, sem se fazer rogar, a função da consciência. Mas, deitados, não lhe poderíamos replicar num diálogo simétrico de consciências, cabendo-nos, por conseguinte, o resto, o outro lado, aquilo que ainda não existia no imaginário comum, mas que ali estava sendo nele introduzido: seríamos convertidos em inconsciente.

Significa isso que tanto a técnica terapêutica quanto a teoria psicanalítica possuem a forma geral de uma ficção literária? Neste ponto, é preciso ser cauteloso; não devemos subestimar nem superestimar os efeitos de ficção na origem da Psicanálise. Um erro comum é concluir apressadamente que, sendo ficção, a psicanálise carece de eficácia terapêutica, ou que, sendo literatura, a Psicanálise deixa de ser ciência.

A ciência moderna comporta duas dimensões solidárias, mas às vezes antagônicas. É descoberta de fatos novos e de novas ligações entre os fatos, a ciência produz teorias explicativas e propõe novos instrumentos de intervenção na realidade — até aqui, estamos na área dita heurística, a mais importante de qualquer ciência. Todavia, as ciências possuem igualmente uma função complementar da sua vocação heurística, consistente nas operações de filtro pelas quais os achados se comprovam. Este apêndice, a comprovação, inflacionou-se a tal ponto nas ciências modernas, nas quais se teme sobretudo a possibilidade de falsificação involuntária de dados ou conclusões, que, hoje, prevalece certa tendência a definir o conhecimento cien-

A INFÂNCIA DE ADÃO e outras ficções freudianas   15

tífico não por sua criatividade, mas pelos critérios de validação. Esta grosseira inversão de prioridade vitima o saber moderno, acorrenta-o aos modos rotineiros de conhecimento — à física, paradigmaticamente a áreas mais tradicionais da física —, cerceando novas maneiras de aproximação científica ao real. E aí entra a ficção. Ela goza, por direito consuetudinário, de certa autonomia com respeito ao ônus de comprovação, adia-o pelo menos — da ficção, não se espera comprovação de espécie alguma; de um ensaio, certa plausibilidade; do momento ficcional de uma hipótese de trabalho, é de supor que seus frutos devam ser posteriormente provados. Assim, na raiz da Psicanálise, sua dimensão ficcional liberou o potencial heurístico, justificativa última de qualquer nova forma de ciência, desagrilhoando-o dos ferros da comprovação precoce. Seria uma superestimação desproporcional da presença da ficção na Psicanálise, contudo, julgar que, sob seu manto protetor, estamos livres para mostrar sem nunca pagar a pena da demonstração. A dimensão heurística, ou ficcional, é uma forma de sursis, de suspensão, não imunidade diplomática a todo e qualquer juízo.

Por outro lado, podemos subestimar os efeitos da forma literária e do espírito ficcional, ao crer que estes resultam apenas do estilo da expressão freudiana. Nada mais longe da verdade. Como vimos, o pensamento por escrito, o anseio de plena expressão, afeta os modos de produção e não só os de expressão de nosso saber. Quiçá, resida aí uma das dificuldades para a continuação da obra de Freud pelos analistas. Tal como ele, mais que ele até, somos personagens dessa história, e não cabe à personagem reinventar o enredo de que faz parte, senão o subvertendo. Dentro da ficção do aparelho psíquico (eine theoretiche Fiktion, chama-o Freud na *Interpretação dos Sonhos*), o analista de hoje não está livre para questionar a existência do inconsciente, por exemplo, uma vez que sua constituição mesma como analista depende dessa crença. Num plano mais modesto, aquele que põe em dúvida os particulares efeitos de transferência considerados ubíquos por seu próprio grupo escolástico é tratado de incapaz, como o ator que não entrou em seu papel. Ora, pode ser que o caminho para a liberdade criativa na Psicanálise seja o de repetir o gesto freudiano que privilegia a ficção heurística contra a prisão acadêmica; só que, desta vez, no interior de nosso campo teórico, reproduzindo dentro dele o mesmo movimento que o criou.

Em resumo, duas vias abrem-se diante de nós, para superar a relativa paralisia em que nos encontramos diante da tarefa que a Psicanálise nos solicita, a de fazer avançar decisivamente o conhecimento da alma humana. Consiste o primeiro — talvez o mais fundamental e frutífero — em cuidadosamente decantar da solução psicanalítica as partículas de reificação conceitual que nela flutuam, para recuperar o fluido metodológico em estado puro. Esse procedimento, a eliminação de impurezas, leva-nos apenas até o umbral de novas criações. O segundo caminho dá resultados mais imediatos e, de certa forma, complementa o primeiro. Tomando em consideração os efeitos ficcionais contidos na teoria e na clínica psicanalíticas, é viável delimitar uma área de ceticismo heurístico. Em seu interior, não é preciso crer cegamente no sistema inteiro, sem que por isto o tenhamos de demolir. Podemos, portanto, criar novas teorias, desde que não cedamos à tentação de as considerar mais verdadeiras que as anteriores. O próprio princípio cético que nos libera protege-nos contra a crença cega em nós mesmos. Fica evidente, para o analista que aceita este pacto de dúvida construtiva, uma espécie de descontinuidade entre o fim do caminho metodológico e o começo do ficcional. O campo de ceticismo protetor ocupa, de maneira provisória, o lugar do rigoroso esclarecimento do método psicanalítico — método que há de, no futuro, integrar sem solução de continuidade pesquisa, teorização e clínica, numa produção científica harmoniosa.

O domínio de direito da Psicanálise é a vida psíquica do ser humano. Entretanto, como é evidente quando se acompanha a produção psicanalítica contemporânea, nossa ciência cobre seu domínio de maneira muito limitada. No dia-a-dia de nossas discussões, só se reconhece como psicanalítico um argumento que aborde a temática freudiana. Ao discutir os sonhos, começamos sistematicamente pelo da "Injeção aplicada em Irma", estudo algum sobre atos falhos prescinde de uma reanálise, mais ou menos criativa, do Signorelli, a neurose é no geral Dora ou o Homem dos Ratos, a psicose, Schreber etc. Para o observador externo, pareceria surpreendente que um analista abrigue a idéia de encontrar novo trajeto nessas estradas de trânsito tão congestionado. Mas ele se engana. Não é algo de novo o que se procu-

A INFÂNCIA DE ADÃO e outras ficções freudianas 17

ra, em absoluto, e sim a forma psicanalítica. Que isso se deva à deficiência da demonstração do método, forma pura da Psicanálise, não é matéria de dúvida. Não obstante, há outra explicação acessória. Dá-se que, nascida da auto-análise de Freud, a Psicanálise tem como objeto prático o próprio Freud. Numa palavra, o inconsciente é a psique de Freud desdobrada. Assim como Homero ou Shakespeare se transformaram em objeto de disciplinas especiais, a escrita freudiana constituiu-o como campo científico, e este Freud de que falamos constantemente é também, como Odisseu ou Hamlet, uma personagem extensa, epítome do psiquismo humano. Os processos psíquicos primários são a forma mental da personagem que sonha os sonhos mais importantes da Traumdeutung, Freud, na pena de Freud. Isso não impugna a solidez empírica da Psicanálise, porém abre caminho para que a retomemos ficcionalmente.

A essa questão ficcional, acrescente-se outra, ideológica. O sujeito freudiano tem por característica central o jogo de forças psíquicas, fundamentalmente da libido, que pode vir a carregar alguma representação do mundo. Na versão ideológica derivada da prática usual, tudo se passa como se cada homem estivesse absorvido em seus assuntos internos, sendo a consciência mera observadora dos movimentos anímicos. Por isso se escuta a toda hora que não importa o ocorrido, mas sua versão. Pareceria que o sujeito vive em permanente diálogo com suas figuras internas, diálogo que, só por acaso, esbarra no outro, ocupado também num infindável solilóquio inconsciente. Nem é preciso dizer que semelhante posição mutila o pensamento freudiano. Não é coisa de suas teorias, mas tampouco lhe é alheia por completo. Não é verdade que, quando da ruptura com Jung, escreve Freud a Binswanger: "... retirei dele a minha libido e agora ele já não me faz falta nenhuma... tenho agora postos disponíveis para você, Ferenczi, Rank, Sachs, Abraham, Jones, Brill e outros"?[2] Esses deslocamentos objetais da libido, essa energética oportunista que tira de um para pôr no outro, foram convertidos em regra geral na prática corrente, culminando numa conversa de surdos-mudos: o que um não disse o outro não ouviu. Nesse ponto, nossa concepção do sujeito é radicalmente pós-moderna.

2. Citado em L. Flem, O Homem Freud, Ed. Campus, pág. 253.

Analisar a posição precisa do sujeito na Psicanálise, do Homem Psicanalítico, a um tempo requer o emprego de recursos aparentados à ficção literária e exige que se situe nosso conhecimento no contexto psicológico do homem atual, que a literatura delineou com maior exatidão que a própria psicologia. Nosso homem não é senhor de si, com certeza, mas também não é completamente incapaz de se conhecer; ao refletir sobre si e sobre o mundo, quase sempre se engana um pouco, mas não deixa de se enxergar. A literatura do século XX explorou cuidadosamente esta incapacidade relativa de autoconhecimento. Para a pôr em evidência, não basta ao narrador distanciar-se de sua personagem, como não basta dar-lhe a palavra para mostrar que se equivoca; foi preciso introduzir certo compromisso entre narrador e personagem, ressaltar sua comunidade em matéria de incertezas: a personagem, quase perdida na confusão, o narrador, quase sabedor do destino dela, todavia ambos incertos e suspeitosos. Kafka talvez tenha encontrado a medida justa entre o espanto ilimitado, que tira o fôlego e tolhe a palavra, e a banalidade dos fatos, que mal merecem ser mencionados. O homem para Kafka parece não ser mais que um exemplo daquilo que o homem poderia ser, e não dos mais convincentes por sinal, nem porventura um exemplo feliz. Para seu homem, a distância que medeia entre consciência e mundo tende ao infinito; tudo, até as menores decisões, absolutamente tudo se lhe afigura quase impossível: a estranheza supera constantemente o conhecido. Por outro lado, homem e mundo são vistos também a considerável distância, à distância em que descrevemos o contato com uma cultura exótica, ou melhor, à distância com que o etólogo estudaria certa espécie animal de hábitos estranhos. Com isso, o narrador distancia-se da personagem; não mais, porém, que esta de si própria, de seu ambiente e de seu destino. Kafka poderia haver dito: o homem, por exemplo...

Joyce também inventou seu homem hipotético, mero exemplo de possibilidades de fato desconhecidas. O narrador retira-se um pouco, olha de certa distância, desconfiado do tipo estranho que retrata; o encontro entre as pessoas, mesmo o mais simples dos contatos, converte-se em remota possibilidade. É natural que o encontro entre as personagens e o autor, em sua obra, seja também marginal, improvável, mas de certa forma iniludível. A autobiografia está por toda parte, mas

A INFÂNCIA DE ADÃO E OUTRAS FICÇÕES FREUDIANAS

esta é só mais uma das linhas a tomar em conta, não o sentido final do enredo. Como improvável, mas iniludível, em decorrência, é o encontro entre narrador e personagens, bem como entre estas. Tome-se como exemplo Ítaca, o penúltimo capítulo do Ulisses. O estilo de perguntas e respostas, imitando um catecismo, registra a distância do narrador, uma distância, por assim dizer, científica; enquanto o congelamento da ação entre Bloom e Stephen — quando o simples ato de abrir uma torneira demanda longas explicações psicológicas, físicas e urbanísticas — desfaz, com eficácia atordoante, a ilusão de que dois homens se possam comunicar e interagir naturalmente. Não o absurdo social kafkiano, mas a mediação absurda do conhecimento interpõe-se entre cada pessoa, invade o interior de cada palavra.

Já Fernando Pessoa desinventou-se meticulosamente. Recriando-se nas figuras múltiplas dos heterônimos, denunciou, com a máxima contundência que se possa imaginar, a ilusão de unidade do sujeito, a ilusão do mesmo, povoando-se de duplicações que se contestam. Destruída tal unidade, demonstrado que este é apenas o autor intelectual do crime da existência, mas que são outros em si que o estão perpetrando, cabe às sentenças o papel de redefinir seu sujeito, nunca o mesmo, senão uma convergência de determinações paradoxais, provindas de um ato em perpétua suspensão. Eu, em Pessoa, não é tanto um pronome, mas a borda de um vórtice metafísico, sorvedouro de que o verbo ser é o fundo inatingível. Por isso, sujeito e verbo jamais entram em acordo pacífico. Os verbos não indicam ações distintas, mas subsumem constantemente e das formas menos previsíveis o verbo ser, pondo em evidência a impropriedade da sua coabitação com o eu, na pessoa do poeta, em qualquer pessoa, no mundo, na memória. No estado de maior contração do equívoco, é o próprio Deus quem o declara: "Ó mundo,/Sermente em ti eu sou-me", como registra Pessoa, em "A voz de Deus". Sermente: advérbio diruptivo de ser, condensação do pensar, que é mentar e mentir a propósito da imanência, de embrião ou semente, de um sugerido somente, contraditório com a convenção da divindade — que, como antes sugerira o poeta, é apenas a sombra do mistério que atravessa a dissociação interna, do qual o universo é o rasto. Com Fernando Pessoa, o homem teve notícia de que tampouco estar em si era seguro.

Isso, que a grande literatura denuncia, espalhou-se sintomaticamente pela literatura de consumo. A ficção científica e as demais modalidades de ficção especulativa e hipotética apropriaram-se com gosto dessa condição de distância e estranheza, desenvolvida na arte maior. Mas também a ficção histórica e mesmo a biografia contemporânea deixam alguma margem à incapacidade do sujeito de reconhecer em que mundo vive e quem vive nesse mundo. O homem, um pouco fora de si — este poderia ser um lema aceitável de nossa ficção e de nossa época. A Psicanálise igualmente opera nessa distância que a literatura tematizou, podendo beneficiar-se de sua experiência. Expor como material clínico o produto de uma sessão de análise, por exemplo, envolve um de dois riscos simétricos: ou acreditamos estar apresentando um protocolo objetivo, fato material, ou inclinamo-nos a imaginar que estamos a relatar um encontro emocional, e não um parcial desencontro, eivado de equívocos de parte a parte. Nos dois casos, é preciso reconhecer que a forma do relato limita drasticamente a transmissão e, o que vem a ser o real problema, leva o analista a ignorar diversas dimensões de sua complexa tarefa: o entrelaçamento da história (do mundo e da pessoa) com a história da análise, os múltiplos eus a que se dirige a interpretação etc. Sobretudo, a precisa posição da consciência em condição de análise fica obscurecida. A consciência do analisando é forçada a um extremo desdobramento, dentro do processo analítico, para dar conta, ao mesmo tempo, das pressões psíquicas e daquelas que provêm do próprio método em que está empenhada, por força de sua aliança com o analista. Seria necessário mergulhar na literatura de ficção para conseguir comunicar melhor, por meio de histórias, a distância precisa entre a consciência do sujeito e o todo da psique, essa distância que, sem ser a de um corte absoluto, é grande o bastante para exigir consideração a cada momento, já que é dela que se nutre nosso trabalho terapêutico.

Ao reconsiderar a Psicanálise pela via da ficção, abrimos um cético parêntese. Apenas é de preceito um cuidado final. O ceticismo só é curativo quando se usa em doses moderadas. O ceticismo extremo leva o sujeito a desacreditar tão radicalmente seu conhecimento que, à míngua de suporte epistemológico, deposita sua fé, por despeito, noutra coisa qualquer: o que, no caso da Psicanálise, é um erro irreparável. Simplesmente, não há melhor alternativa, no reino das ciências ou fora dele.

Notícia de Límbia

"A ciência faz e não pensa.
A filosofia pensa e não faz.
A arte pensa fazer.
Juntas, fazem pensar."
Límbia, dito popular.

Límbia não é uma metáfora, muito menos uma alegoria ou parábola. Metáfora não é, senão no sentido trivial em que todos os nomes são metafóricos. Uma alegoria do reino do saber ou, com melhor razão, do indecidível, isso nem pensar. A Castália, do romance de H. Hesse, descreve uma parábola, por assim dizer, redonda, cuja metade de baixo, de sinal negativo, é o afogamento do mestre quando sai à realidade quotidiana. Flatland, de E. A. Abbott, é uma fábula de lógica geométrica, cuja moral poderia desdobrarse num número qualquer de dimensões.

Límbia não, ela existe. Existe moderadamente, conceda-se; porém, mais que a infância de Adão, dimensão negativa de um mito, mais que o inconsciente, que é só lógica produtiva, mais que tudo aquilo que apenas há pelo avesso. É real, embora não se a vá encontrar num atlas de geografia ou num compêndio de história. Não é um trocadilho, nada tendo a ver com o Sr. Khadafi, por exemplo. Já se vê, portanto, que é um lugar especial. É inteiramente real, mas quase não faz parte da realidade: não tem representação fixa, não figura nos mapas, os dicionários não a abonam, notícias dela não aparecem nos jornais, nem, receio, na Internet ou na CNN, razão que me obriga a incluir aqui esta notícia de Límbia. Antes uma referência mínima, que referência alguma.

Bem pesados os prós e os contras, Límbia existe muito mais que diversos países constantes dos guias turísticos, com bandeira, hino e eleições discutíveis, inexoravelmente seguidas de golpes de Estado. Muitos deles foram o produto artificial de acordos internacionais, sobrevindos a guerras (nem sempre declaradas), há aqueles que, aos pares, ainda hoje ocupam o mesmo lugar no espaço — o que não se admitiria em Flatland. Alguns já desapareceram, sem nunca haver realmente existido. Contrariamente a esse trêfego gênero de existência, Límbia existe, mesmo que moderadamente, desde o começo dos tempos. Tem a seu favor o direito de antigüidade. Como é óbvio, ela se tornou mais notória com o recente fim do mundo.

Para a compreender sem delongas, registremos de início que Límbia não é um país. Como indica seu nome, Límbia é antes de tudo uma orla que cerca a realidade consensual. Possivelmente, em todos os países há sinais de Límbia, assim como se podem reconhecer suas marcas nas ciências, na política, nas artes.

A região onde as ciências se criam, por exemplo, faz parte de Límbia. Quando estas são regularmente exercidas — convertendo-se naquilo a que Kuhn, em sua disputada, mas popular concepção, chamava de "ciência normal" —, elas se tornam espessas, afundam na realidade comum e esquecem sua origem. Residem em Límbia, por conseguinte, o momento heurístico da ciência, as rupturas da rotina intelectual, a inspiração dos pensadores. Se esta última observação evoca uma imagem ideal de Límbia, apta a seduzir os espíritos empreendedores, é de justiça aduzir que mora lá também certo tipo de impostura, representada pelos equilibristas que andam na corda bamba do saber possível. Lá estão também os paradoxos mais chocantes, inúmeros falsos caminhos e inspirações equivocadas. Apenas em Límbia, não se leva demasiadamente a sério o conhecimento compendiado, o dia-a-dia do laboratório, o quotidiano das teses, dos congressos e, particularmente, das recepções dos congressos — recepções que não são a meta última das carreiras profissionais e uni-

A INFÂNCIA DE ADÃO E OUTRAS FICÇÕES FREUDIANAS

versitárias, como em nosso mundo médio, mas motivo de aturdimento ou de suspeita, pois camuflam portas de entrada para o mistério. O homem de Piltdown, por exemplo, poderia ter sido descoberto em Límbia, sem maiores contradições; já os que trancafiaram sua mandíbula no Museu Britânico, protegendo-a de averiguações por tantos anos, estes, em Límbia, teriam sido guardados no cofre ao lado. Por pusilanimidade, aliás, inúmeras pessoas tentam lá se refugiar dos embates do real — na Límbia imaginária que situam numa versão utópica da religião, da poesia, da psicanálise etc. —, mas simplesmente não a encontram, pois Límbia é a margem da realidade, não à margem da realidade. Oráculos lá não existem, mas falsos profetas cínicos, com certeza. Inventores de mitos e praticantes de ciências duvidosas repontam em Límbia, de quando em quando, só se lhes pede a fineza de não se acreditarem demais, praticando sua impostura com honestidade de impostor. Certa dose de cinismo irônico é o selo de origem do pensamento límbico. Descoberta uma impostura, em Límbia não se condena, ironiza-se. Se nem isso adianta, se o culpado é recalcitrante na falta de humor crítico, então, na antiga e desusada expressão, ele é abandonado ao braço secular. Moralmente, como se vê, Límbia não é muito melhor que a realidade comum. A não ser, quiçá, por sua recusa do regime de moralidade, este que rege nossas grandes instituições.

A política de Límbia é um caso muito especial. A rigor, não existe. No entanto, ela vem sendo discutida por filósofos como Platão, Agostinho, More, Tomaso Campanella etc. Sempre que alguém se afasta do mundo convencional para pôr em relevo seu desconcerto, percorre estradas límbicas e desemboca num análogo, onde manda a lógica da arte. Utopias são gazuas para arrombar as janelas da realidade. É impossível esgotar o rol das utopias por duas simples razões. À medida que os utopistas se consagram — e a lista acima não poderia representar melhor o vulgar consenso da consagração —, cada qual se divide em dois: uma parte mora em Límbia, a outra passa a existir nas antologias, esta parte da qual se diz sem pensar duas vezes: "para Platão, os filósofos deveriam governar a república". A segunda razão é que os mais agudos inventores de utopias não se têm por utopistas, mas por realistas absolutos. O projeto social de Marx nada tinha de utópico, a não ser a necessidade de a classe operária se unir simultaneamente no mundo inteiro. Ou, como em Límbia se diria: "se são humanas as classes sociais, seu egoísmo as fará lutar até a morte por seus interesses — ou contra eles". Maquiavel é tido em alta conta, pois enquanto tantos outros se contentam em indicar o que deve ser alcançado, ele procura contar o que realmente se faz. Por acreditar no direito ao conhecimento da Realpolitik, é considerado um utopista radical. Acima até de Santo Tomás de Aquino, quem afirma que uma revolução para derrubar o monarca só será justa se tiver chances reais de vitória. Límbia, portanto, não é uma das utopias, mas a fonte da cogitação que as criou, as positivas como as negativas.

Ao contrário da política e da ciência, que tão-só a cruzam em momentos privilegiados, a criação artística habita Límbia, sem discussão. Desde o bisão pintado no teto da caverna de Altamira, desde os perdidos relatos de aventuras na noite pré-histórica, desde a escrita do Gilgamesh, todo artista tem queimado sua existência pessoal em prol da invenção de Límbia.

A idéia de que uma orla de espécie distinta circunda a realidade que classificamos em categorias nada tem de incomum. Há o céu dos justos e o inferno dos ímpios, categorias extremas que já suscitam o intermediário purgatório cristão. Mas este representa uma espécie de segunda época na carreira acadêmica do espírito. Que fazer daqueles a quem o juízo implicaria contradições intransponíveis, das almas das criancinhas e das dos justos do Antigo Testamento? O *Limbus* patrum et puerorum surgiu para as acolher. Se, como queria o heresiarca Pelágio e a patrística grega, é quase perfeito o destino das almas inocentes, ou se penoso, como prescreviam os padres latinos, encabeçados por Agostinho, é esta uma questão menor. Vale o reconhecimento da existência de uma orla límbica.

Inegável é o fato de que nossos mundos, o empíreo e o sublunar, estiveram sempre estritamente organizados segundo princípios muito precisos, todavia lamentavelmente insuficientes. Em cada sistema classificatório, foi preciso introduzir um reservatório de exceções, caso contrário, as regras mesmas de organização mostrariam sua artificialidade, pois o real não pode ser convencido a se encaixar na realidade, nas representações consensuais. Existem os países, mas há suas zonas fronteiriças, zonas-tampão, amortecedores da linha demarcatória — a propósito, uma etimologia plausível da

A INFÂNCIA DE ADÃO e outras ficções freudianas   25

palavra limbo é a que a faz derivar de raiz teutônica, designando fronteira ou adjunção. Existem as ciências distintas, classificadas como disciplinas, e certa borda indisciplinada de onde vem quase tudo que há de novo — o esforço de domesticação a qualifica às vezes de interdisciplinar, sem grande êxito, entretanto. Existe a vigília e o sonho, mas há o devaneio, que não se sabe onde começa e termina, mas que testemunha o deslizamento do sonho sob a vigília. Sempre que os limites entre dois estados do ser se fixam racionalmente, a razão venceu: como Pirro, perdendo metade do exército. É forçoso interpor uma zona de acomodação, para que não caia no ridículo. Esta zona de que estamos tratando, a regra da exceção, ainda não é Límbia.

Somente quando a zona admitida de exceção denuncia a distinção fixada, começa o território límbico em sentido estrito. Quando o reservatório de exceções transborda, arrastando as barragens categoriais de contenção. No caso dos moderadores da demarcação entre países, a flexibilidade das zonas neutras é uma regra de exceção, mas límbico seria o matemático Mandelbrot, quem, constatando que a fronteira de Portugal com Espanha é bem maior que a de Espanha com Portugal, propôs a dimensão da equivalência: todas as fronteiras são infinitas. Onde a oposição entre a ciência humana e a divina entra em colapso, começa Límbia também. Em Límbia, o argumento de Santo Anselmo é respeitadíssimo, mas ensina-se no curso de psicopatologia, como demonstração da assertividade reversa do pensamento obsessivo, e no de lógica emocional, à guisa de introdução ao estatuto veritativo da transferência — um ditado límbico afirma que uma ciência qualquer só se soluciona noutra ciência. Onde razão e sonho mostram sua raiz comum na fantasia, onde céu e inferno deixam entrever a terra, onde alma e corpo se reúnem no corpo do espírito concreto — aí se demarca a fronteira de Límbia. Ou, brevemente, quando dois campos se rompem por ação recíproca e a indefinida criação recomeça. Então, a orla sombria e dadivosa que margeia os seres discretos e bem definidos do pensamento tradicional volta a se impor. Depois de certo tempo, o novo campo é assimilado pela razão de ofício, sela-se outra vez o reino das exceções, Límbia fecha sua fronteira; cujo tamanho é quase infinito, visto de dentro para fora, mas, de fora para dentro, é nulo ou tende a zero.

Límbia, por conseguinte é uma força de expressão que designa o lugar concreto onde o pensamento se cria. É o topos heurístico da ciência, por exemplo. Não existe acordo sobre o nome e nunca haverá. Mas, sendo a orla do conhecer e do fazer, este nome cabe tanto como outro qualquer. Quando duas opções intelectuais chegam à tensão extrema, Límbia não é qualquer uma delas, mas a própria tensão epistemológica. Nos negócios humanos em geral, ela é a descendência dos desaparecidos. É, por exemplo, a atualidade das inquirições medievais, a herança das civilizações superadas, a sinopse dos livros esquecidos — e mesmo de alguns não escritos. É a presença do saber, provisoriamente sem corpo, encarnado de maneira fugaz no pensador que se esforça por superar a paralisia do setor do conhecimento que lhe corresponde. Estilisticamente, portanto, não é uma alegoria, mas uma fábula epistemológica sem moral predeterminada. Nunca se sabe bem em que vai dar. É a força da expressão.

Enquanto forma de ação é método, enquanto região preferencial é o reino do análogo.

Muito já se disse sobre o método límbico, nem sempre com justeza, antes com exagero em direções opostas. Alguns sustentam que deve ser a ausência de método, ou seja, a pura inspiração iluminadora. Em Límbia, sabe-se que não é assim. Que a arte de pensar, como qualquer arte, demanda absoluto rigor metodológico, única garantia de sua liberdade, pois a ausência de método recai sistematicamente nalgum método oculto, alheio e aprisionador. Outros louvam o método como disciplina, repetição e garantia, muralha contra o assédio do erro humano. Tampouco os positivistas são cidadãos de Límbia, é evidente, pois torceram o sentido do método até reduzi-lo a seu contrário. Eles inventaram até um mito para justificar seu desvio: propalam que a ciência surgiu pela superação das práticas supersticiosas. Este é tão verdadeiro, mas tão ambíguo, como todo mito, que se lhes aplica, em Límbia, o mesmo dito: a ciência só renasce quando se superam as práticas científicas supersticiosas, como as suas próprias. Em Límbia, o método institui o ser sem precedentes, é o caminho de sua invenção e participa da constituição do existente. Por isso, deve ter o máximo rigor e exige juramento de fidelidade. Reconhece, aquele que pensa, quão fácil lhe é titubear na radicalidade de seu percurso e sucumbir à tentação de aderir às formas convencionais, caso

A INFÂNCIA DE ADÃO e outras ficções freudianas 27

algo, dentro do eu metodológico, não o obrigue a atravessar o deserto categorial. James Joyce ou Guimarães Rosa, por exemplo, deixaram o testemunho de sua tocante fidelidade aos respectivos métodos de invenção, palavra por palavra, na criação de suas extensas obras de arte científica, fiéis até o martírio da razão. Pois, em Límbia, os métodos de cada arte ou ciência, ao promoverem a ruptura da forma estabelecida, impregnam os seres do campo que abriram e criam o que descobrem. O método possui espessura ontológica — em Límbia, esta que existe moderadamente. Que reino habitam tais seres, híbridos de carne e método? A resposta é simples, o reino do análogo. Dá-se que as ciências começam e terminam nos fatos, mas onde existem mesmo é no meio, à margem dos fatos. Entre medir e concluir, o físico existe no lógico sonho das matemáticas, análogo imaterial. O botânico, no devaneio classificatório. O historiador, no sistema filosófico com o qual interpreta a história. E assim por diante. O reino do análogo, para cada ciência ou arte, é o límbico lugar onde o pensar se liberta medianamente do cerco das coisas concretas, mantendo-se fiel ao método, até que se invente — isto é, que se crie e descubra — nova encarnação conceitual. Uma nova partícula ou o inconsciente, por exemplo. Com rigor e propriedade, cabe afirmar que Límbia é o reino do análogo, sendo o método de ruptura sua lei maior, constitucional e constitutiva.

Límbia há desde sempre, portanto, mas só se faz notória durante os abalos intelectuais ou sociais. Quando se inventa uma ciência. Quando uma ciência se abre noutra ciência. Quando uma arte se abre em si mesma e já é outra. Muito em especial, quando acaba o mundo. Durante o século XX, por exemplo, o mundo acabou. As guerras tornaram-se mundiais, logo: que haja o mundo. Os sistemas de controle do pensamento, absolutos. Deu-se Hiroshima e o equilíbrio do terror. Por fim, deu-se a Guerra que não houve, lá pelos anos 60, a Terceira Guerra Mundial. Esta teve a discrição dos eventos graves e definitivos. O mundo não se cobriu de cogumelos atômicos, não houve o clarão cegante nem a chuva radioativa, mas a proximidade da aniquilação humana da humanidade produziu efeito traumático sobre o psiquismo humano, individual e social. Explodiu uma bomba ética. Tendo entrado a completa aniquilação do homem como um dos fatores de equação do poder, a tangência do impensável refutou o mundo conhecido. É que o fim da humanidade não constitui matéria para o pensamento. Não mata apenas o presente, nem só extingue o futuro, mas destrói o passado também, o presente do passado agostiniano, porquanto a história deixa de ter existido quando não há memória. Tangenciamos o impensável, pois, e tal tangência cobrou seu preço da alma das coisas. A própria substância humana cedeu, tornando-se o homem matéria virtual — a partir de então, um tanto hipotético, o homem...

Deste trauma, emergiu novamente Límbia para o mundo manifesto. Não sejamos drásticos. De tempos em tempos acaba o mundo. As religiões e os mitos estão recheados de correções de rumo das divindades. Adão e Eva, excluídos do Paraíso, carregaram o límbico gostinho do conhecimento sexual, temperado por seu inevitável corolário, o saber da morte. A história de Límbia começa aí, como começa em qualquer outro mito de origem. A expulsão dividiu o existente: de um lado, ficaram as dores da reprodução e o suor do trabalho, bem como o universo conhecido, compondo o caudal da realidade aceita, de outro, uma interrogação, que logo surgiria nos colóquios de Eva com Adão: "Lembra-se de quando éramos pequenos?". Da infância de Adão, da memória impossível, nasce a moderada existência de uma alternativa para a ilusão da realidade pronta e acabada, alternativa a que chamamos Límbia. Veio o dilúvio universal. Daquele segundo fim do mundo, teria nascido a aliança pela palavra e o arco-íris fulgurante; mas Límbia prosperou, quando replicou o homem: "faça-se o vinho" — e viu que era bom, como diria Deus —, instituindo-se a doce embriaguez, sombria e dadivosa. E cresceu, e multiplicou-se, ao receber a herança espiritual de todos os afogados, fiel depositária de novas recordações impossíveis. O homem dividiu-se em homem e Deus, dessa vez. Deus é a regra de exceção do homem, lugar do não me sou e fica tudo em paz, enquanto se espera pela aliança final. Mas o homem que renuncia a ser Deus, que enxerga em Deus a denúncia de sua partição interior, este fundou Límbia. Em Límbia, Babel continua em obras.

O problema dos mitos é aprender com eles, sem se converter em crente, como quase todos, ou em mitômano, como os poucos inspirados. Afinal, a história que nos chega de um mito clássico é só

A INFÂNCIA DE ADÃO e outras ficções freudianas   29

resto, esqueleto de mito. O povo que o viveu no dia a dia, quando o esqueleto tinha carne e andava com as próprias pernas, estava imerso em sua mitopoese, não criava nem cria, participava. Mas não somos pastores da Tessália ou da Judéia; nosso mito vivo, no atual fim do mundo, não possui ainda uma versão canônica que se possa narrar, são nossas próprias sobrevidas e suas condições. Não me diga que acredita no que lê nos jornais; no entanto, assina, participa. Para os egípcios, o mundo acabou com Alexandre. Para os bizantinos, com o saque dos cruzados — negócio escuso de venezianos, comenta-se à boca pequena —, antes que os muçulmanos completassem o serviço. Para os incas e astecas, com os espanhóis. Para os rapanui, nativos da Ilha de Páscoa, numa guerra racial, segundo a lenda. De cada vez, nasceram mitos que explicavam como e por que a história chegara ao fim. É que cada povo considera-se uma totalidade. Findo seu período de existência plena, para cada qual a história chegou ao fim, ou então continua, porém passando para o lado vencedor. Límbia, no entanto, é herdeira de direito daquilo que não acaba em cada fim de mundo, da vida dos hieróglifos, da excelsa lógica formal das discussões bizantinas sobre quase nada, da poesia em rongo-rongo, a escrita intraduzível de rapanui etc. Sucedem-se os fins, e são a sério, mas Límbia permanece e é de certo modo beneficiada. Nela se concentra o que se perdeu na realidade comum, ou que nem chegou a haver, a ciência artística, a vida quotidiana dos habitantes das utopias, memórias do não ser da mais remota infância. A moderada existência de Límbia é, por conseguinte, posicional.

Límbia provê o ponto de vista que faculta extrair de uma época seus ensinamentos, os quais se furtam aos olhos, pela imersão a que estamos condenados. É um recurso de distanciamento, mas é também um mergulho tão decidido no cerne do próprio tempo que atinge, por assim dizer, o olho do furacão, onde a turbulência pode ser registrada, sem que nos engula. Uma posição de estranhamento crítico, justamente porque integrada até a medula. Daí procedem verdades e mentiras, que, de tempos em tempos, trocam de posição.

Deste fim do mundo, no século que passou, Límbia recebeu, entre outras coisas, a Psicanálise. Recebeu também, por exemplo, a cosmologia teórica mais fantástica que se possa conceber. Conhecimentos de fronteira, limiares, um lote de possíveis a desenvolver.

A realidade, o mundo bem representado, perdera sua substância. Tudo se passou como se a tangência da aniquilação da substância humana houvesse semeado um grão de inexistência traumática no seio do que é. Por identificação com aquilo que quase aconteceu — e é o quase que constitui o trauma, não a catástrofe —, a substância de nosso mundo adoeceu de auto-agressão. O grão germinou: o homem não desapareceu, mas perdeu o emprego, substituído por meios virtuais de produção e reprodução. Instalou-se o regime do atentado, isto é, o equilíbrio do terror fragmentou-se em atos terroristas — militares e rebeldes, das potências e dos impotentes — inexoravelmente crescentes, pois a eficácia de um atentado medese pela resposta que evoca; explodiram as guerras raciais (ideológico-religioso-raciais, mais precisamente) e a reação em cadeia populacional das zonas de miséria, seu complemento necessário. A natureza, sem substância, ficou reduzida a slogan, utilizado este como mera propaganda anti-sociológica, salve-se isso ou aquilo, mas nunca o homem. Os corpos incharam ou minguaram sintomaticamente, raquitismo e obesidade, bulimia e anorexia; os transtornos psiquiátricos tomaram a forma de desrealização e despersonalização. O trauma e sua propagação metafórica: ponto por ponto, em ponto pequeno, reproduzindo os episódios da Guerra que não houve e suas conseqüências. O mundo fez-se um só e, portanto, acabou. Pois haver o mundo era um destino tendencial das diferenças: ao cumprir-se, fim.

Era, pois, necessária uma ciência geral da psique, porque o real se convertera em imenso psiquismo. Pela primeira vez o mundo pensava, o mundo era pensamento sem sujeito a quem se pudesse atribuir responsabilidade. E falava, pela comunicação maciça da informação, a epidemia dos dados, caminhão de lixo do conhecimento que recolhe as sobras do saber. O pensar do mundo, todavia, era adverso ao homem: o mundo rejeitava seu homem como obsoleto, refugiando-se no narcisismo do real. A isso, a Psicanálise, a ciência do real psíquico, podia responder. Freud passou por Límbia, lançando as bases dessa ciência a construir, alguns o seguiram na viagem. Em Límbia, porém, a Psicanálise tem a chance de atingir o horizonte da sua vocação, uma ciência artística da psique do real.

O tempo em Límbia é peculiar por diversas razões. Lá o anacronismo é a regra, os tempos se podem compor de forma inusitada, figuras de gerações distintas e conceitos de épocas diferentes cruzam-se, colidem, interagem, aliam-se, desintegram-se e nem sempre o mais recente predomina. O presente, por outro lado, é apenas condicional, o futuro de um passado em mutação. Cada vez que o passado ganha novo sentido, pelo trabalho de interpretação do real, é um novo presente que se institui. Historiadores, escritores e, ultimamente, alguns psicanalistas dão seu melhor para incrementar essa perigosa fluidez. Tudo passa a ter sido diferente, mas disso não nos damos conta, pois o futuro daquele passado, que é o novo presente em que vivemos, já é outro, coerente com a transformação. Passa a ter sido. Esta expressão temporal comporta duas éticas opostas. Se chega a ser afirmado o novo passado excluindo o anterior, como na utopia negativa de Orwell, o inimigo de ontem passa a ter sido sempre o amigo de hoje, revogadas as provas em contrário — e revogadas as pessoas que insistem em recordá-las. Mas passa a ter sido, quando se aplica com rigor no regime do tempo condicional, acusa a possibilidade constante de sentidos opostos, contraditórios, paradoxais, vigentes em simultaneidade. O que é, é, mas sendo também diferente possibilidade. Numa terra que apenas existe moderadamente, o tempo não poderia mesmo ser absoluto. Aqui e agora, em Límbia, significa o futuro de um pretérito cambiante, uma filial da memória, em lugar incerto e não sabido. A suspensão provisória do juízo límbico pode dar no melhor ou no pior.

Um segredo alcançamos desta vez, neste novo fim do mundo. Límbia, orla do ser, não é apenas uma região circundante (sombria e dadivosa), mas a sombra interna do ser, seu absurdo inerente, sua desconformidade com ser e saber-se ao mesmo tempo. Pois o ser é também, de forma misteriosa e eficaz, o próprio método que o descobre. Sem o método, não há conhecimento do ser, nada sendo este, portanto, para nós, seres do saber. Para cada método de saber, os seres são outros. Seus nomes podem ser os mesmos, suas representações, convencionais, porém, em essência, são incomparáveis. Para a física, o homem é massa e força. Para a química, compostos moleculares. Para a história, figura dos eventos. Para a sociologia, unidade presumível de movimentos coletivos e introversão singularizada da sociedade. Para a Psicanálise, Homem Psicanalítico. Límbia está sempre povoada por conceitos paradoxais das ciências da natureza, por ambíguas personagens literárias, por estruturas históricas apenas concebíveis e por figuras históricas inconcebíveis, por sistemas filosóficos improváveis, mas heuristicamente essenciais. Desta vez, Límbia tem abrigado certo número de homens psicanalíticos, esse híbrido de gente concreta e método interpretativo, sujeito em processo de humanização, que a sessão analítica, as teorias e a interpretação psicanalítica do real vão descobrindo/criando. Da próxima, sabe Deus — ou não sabe, se Deus não houver, nem talvez mundo algum.

A superfície do ser, a existência, brilhava ao sol da razão, até que o brilho cegante do trauma nuclear a ofuscasse. Seu interior, o que não existe, mas há, a sombra dadivosa, o inconsciente — ou melhor, os múltiplos inconscientes relativos de cada campo do real humano —, desdobrou-se em possibilidades de sentido, nas fronteiras internas do ser. Há ali, em Límbia, o que não existe ainda, o conhecimento a vir a ser, a potência heurística do vazio. Uma orla de não-ser, interior à constituição mesma do objeto do conhecimento, onde se concentra sua potência heurística, criando exemplares futuros de gente e de coisa, de conceitos em vias de passar à existência concreta. Límbia está por toda parte, insuspeitada. Desde sempre. Alguns homens dedicam-se a estudá-la, aqueles que pensam as ciências e os que pensam por meio da arte, não ignorando, todavia, que, ao estudá-la, a estão criando...

Certas leis de trânsito intelectual podem facilitar o ir-e-vir dos visitantes.

Hoje, o sujeito de uma ação, em Límbia, nunca é pessoal e intransferível. Em primeiro lugar, ele se duplica sub-repticiamente, sem cessar, sem repouso. É quem fez, mas é também o que foi feito; é a decisão que tomou e é aquela que aparentemente rejeitou; é exatamente quem pensa que é, sem deixar de ser aquele que assim o pensou; é quem fez e quem fez que fizesse; é consciência, porém, e em igual medida, o campo inconsciente dessa específica consciência. Dada uma ação, seu sujeito mais provável é o nó entre as diversas intenções que a promoveram. Não é singular, tampouco coletivo, mas algo abstrato, por não ser indivíduo ou grupo, e ao mesmo tempo demasiado concreto: a tensão das condições. Quando duas pessoas entram em relação, uma determinação recíproca é

A INFÂNCIA DE ADÃO e outras ficções freudianas 33

posta em marcha; esta última, mais que qualquer das duas pessoas, é o sujeito a considerar. Em simetria com a metafísica, que se traduz em psicologia, a psicologia do sujeito colore-se, em Límbia, de fortes matizes metafísicos, num sentido só integralmente explorado, porventura, pelo límbico poeta da teoria: Fernando Pessoa. Impregnado de literatura e de Psicanálise, o sujeito não é uma pessoa, mas sua transferência.

A lógica em Límbia, conquanto de extrema precisão, precisão desconhecida, aliás, dos processos regulares do pensamento científico, não objetiva primariamente proibir inferências falsas. Não é lógica restritiva, mas uma lógica produtiva. Ela cria sentidos, determina sentimentos, dirige os apetites e produz pensamento. A lógica cria e, por vezes, o sujeito leva a fama. Não se reconhece a genialidade em Límbia, a não ser nos rituais de ofício, mas se agradece à lógica que usou alguém como instrumento — o sujeito, como se pode constatar, nada mais é que uma momentânea encarnação de certa lógica produtiva. As paixões são pura lógica produtiva, o conhecimento, lógica aplicada. Por isso mesmo, verdade e erro são paridos em xifópaga fraternidade com freqüência assustadora; costuma-se lá dizer: o erro necessário. Conta-se, a propósito, que um respeitadíssimo mestre límbico, na aula magna que comemorava sua aposentadoria, teria confidenciado aos discípulos: "Amigos, tenho duas revelações a fazer; a primeira é que metade do que lhes ensinei nesta vida dedicada à ciência é falso" — agitação incoercível na platéia. "Mas não temam" — suspiro aliviado dos presentes — "por sorte, desconheço qual a metade verdadeira..."

As distinções, como já se viu, são levadas muito a sério em Límbia, ao pé da letra. E tanto, que a ambição maior do límbico é rompê-las. Primeiro, por exemplo, delimita-se com precisão o que distingue ciência e arte. Em seguida, reconhece-se que só a ruptura desses campos opostos pode produzir qualquer uma delas. Arte e ciência nunca se confundem num pântano conceitual: cada qual apega-se à sua forma, mas esta se pratica tão radicalmente, que vira a outra — da ciência, diz-se às vezes: a Grande Arte. Os filósofos talvez não governem, mas toda filosofia que se preze converte-se em política do espírito. Quando quis alguém escrever um tratado sobre os sentimentos, recorreu à geometria. Nunca se falta à palavra dada, porque se conhece sua equivocidade: toda mentira há de pôr em evidência um dos muitos e obscuros sentidos do dito, o qual desse modo se terá cumprido, de uma maneira ou de outra. Racionalistas ao extremo, não duvidam os límbicos de que cada qual constrói seu destino, mas reconhecem igualmente que se chama destino ao lugar onde sempre se chega na hora e apenas depois se sabe era lá; àquilo que se consegue furtar ao destino chamam de história. E assim por diante.

É impossível abarcar toda a realidade, e mais impossível ainda abarcar sua margem límbica por completo. A Psicanálise contribuiu para o esclarecimento de Límbia, tendo nascido ali, de onde saem as idéias à procura de corpos para se encarnar, dos corpos de homens e de corpos científicos. Destarte, é sob seu ângulo de visão que lhes dou esta notícia de Límbia, sem desconhecer que outros caberia usar. Dou-a, não obstante, do ângulo de visão da Psicanálise que se encaminha a seu horizonte de vocação, não daquela que se consolidou. A Psicanálise que se esqueceu de existir mora em Límbia, a que não se fez. A ficção talvez a faça recordar de si, a desesqueça, por força da expressão. Força de expressão, em Límbia a expressão tem realmente força. Descobrimento do outro lado do que se descobriu, Límbia está para o sol da razão, como a face oculta da lua: sombria e dadivosa. Inestimável lugar de passagem para os sábios, asilo do pensamento quando acaba o mundo, é pouco recomendável fixar residência em Límbia a menos que se deseje andar pela margem de si mesmo, como o fazem os loucos e os poetas, pelo que se diz. Numa palavra, o reino do análogo, margem onde a ciência supera os dados, para inventar o lúcido delírio heurístico que depois se vai comprovar, ou não, à luz da empiria, isto é Límbia, terra da ficção verdadeira.

Límbia não foi inventada. É a própria invenção.

Bondade

Comecemos pela bondade. A bondade é um sentimento passageiro, sentimo-nos bons e, conosco, bom o mundo, de tempos em tempos. Mas a rara bondade forte, mais encontradiça nas mulheres, esta é um gênero de destino. E como interroga gravemente a Bíblia: "quem encontrará a mulher forte?".

A barca que nos atravessa de Salvador a Itaparica navega geralmente em águas calmas, balançando preguiçosa num mar que é como espelho morno. Sentado a nosso lado, de costas para a lenta progressão do ferry-boat, um casal, já passado em anos, com uma criança de colo. O homem, um pouco mais claro que sua bem mulata esposa, mais mirrado e prosa, mas nem por isso ridículo: parece ostentar certo orgulho de sua chefia de família, embora seja evidente que esta lhe é apenas concedida circunstancialmente pela mulher. A criança dormita, a mulher a embala, o sujeito quer puxar conversa. "Demora, não? E com este calor abafado." Passa um vendedor de picolés baratos, com seu inventivo pregão: "Se o moleque chora, não lhe bata, compre-lhe um picolé; se chora outra vez, compre-lhe dois picolés; se volta a chorar, cacete nele que já está abusando..."

Então, quando me levanto para esticar as pernas, a garotinha agarra-me o dedo e fica a balançá-lo, parece que ao sabor do jogo da barca. Pronto, já somos da família; capturados em sua órbita estreita, é preciso entabular conversa. A menina só tem 8 meses, mas como é comprida, dir-se-ia ano e pouco, não é? Ainda meia hora de travessia — convimos todos que é tempo demais para 14 quilômetros. Então a senhora calada começa a contar. "É minha filha, sim. Bem, é neta, mas é filha. A mãe não cuida, é menina ainda, uns dezesseis anos mais ou menos, não?" — pergunta ao marido. "É, acho que sim." Nosso interesse já foi despertado, verdade? Como a neta pode ser filha e como a mãe, que havia de ser filha da avó da neta, pela lógica dos parentescos comuns, tem idade incerta? A senhora explica. A mãe de Gislane — que nome deliciosamente típico, ainda mais por ser só de leve americanizado —, a mãe vive na roça, trabalha puxando enxada, mas não quer vir para Salvador onde moram eles, só para não ter de cuidar da criança. Ela também é filha de criação. "Sabe" — continua a senhora muito digna, de cima de seus talvez sessenta anos — "a gente vivia no Recôncavo, trabalhava num sítio, ali a encontrei, ainda pequeninha, jogada no chiqueiro". O jeito de falar arrastado e as palavras mastigadas na gengiva, que os dentes rareiam, obrigam-nos a fazê-la repetir de quando em quando as sentenças, para melhor compreensão do fato insólito. "Num chiqueiro, disse?" "Foi, no chiqueiro ao lado da casa da gente, foi sim. Toda emporcalhada e chorando de fome. Aí pegamos para criar. O que se podia fazer?" "Era ela só de filho?", perguntamos. "Imagine! Tenho mais oito. Fora os que morreram."

O bebê, futura mãe de Gislane, foi educada com esmero local; até escola teve e chegou a ser convidada para dar lições aos meninos do lugar. Mas não queria saber de responsabilidades. A senhora cansava de admoestá-la: "olha as companhias, olha aí, filha, para que tanta festa?". Qual nada. Saía com as amigas — e das piores, carregadas de exemplos daninhos —, ia ao forró e ao baile, aos aniversários e ao coreto da vila vizinha. Até que se deu o que se havia de dar e infalivelmente se tem dado desde que o mundo é mundo, razão pela qual este segue sendo mundo de gente, e a gente dentro dele cada vez mais. "Quando a barriga já lhe dava na boca, o rapaz sumiu."

"Pois bem, zanguei e falei duro: tu tens família, não é caso de cair na vida. E ela: sim mãinha, a senhora que sabe, mãinha. Ficou conosco, teve esta criança, passou o resguardo. Então adeus. Sim mãinha, sim mãinha, mas nada de cuidar da filha nem de trabalhar.

A INFÂNCIA DE ADÃO e outras ficções freudianas 37

Foi quando nos mudamos para a cidade. Ela é bonita e instruída, podia arranjar emprego aqui, mas nunca que quis. A filha veio, ela ficou por lá, namorando, festando, para acabar em cabo de enxada, meu senhor. Veja só. Então que se havia de fazer? Registramos Gislane como filha nossa, que é um gosto de menina. Mais prático, não foi?" O sorveteiro volta com outro refrão. A barca já venceu quase todo o estreito. Os passageiros começam a ajeitar as coisas para apear. A menininha dá um último balanço de despedida em meu dedo e o larga, aninhando-se no colo da mãe-avó. Nada há para dizer, senão até logo e boa sorte. Pelas costas vemos ainda a mulata marchando firme com a filha ao braço, abanando-a por causa do ar tépido.

A bondade verdadeira é dura e severa, perdoa e não perdoa ao mesmo tempo, mas repete-se com o ciclo das marés, do nascimento e da traição, da morte e do renascer das coisas. Psicanaliticamente falando, a bondade é uma invasão indébita da vida alheia, um estar no outro mais do que ele mesmo está em si. Avó postiça, mais mãe do que a mãe carnal, mais nela do que ela mesma estava, a boa senhora e forte mulher cumpre um destino regular de adoções plenas, acima e além do cumprimento do instinto materno. A bondade não pensa, faz o que tem de ser feito, sem regozijo ou autocomplacência. É um ego que invadiu o superego — não o contrário — , tomando de assalto as instâncias ordenadoras da consciência moral, suplantando a moral e a conveniência em nome do destino. Ela não faz porque deve fazer, senão porque é mais prático. E se Gislane, passados quinze outros anos embarrigar de algum malandro fugidio, mais um filho há de registrar nossa companheira de travessia, sempre zangada, sempre cumpridora. Há bondade quando já não se medita nela e não se cogitam recompensas outras que nova edição do mesmo fado. "Quem encontrará a mulher forte", pergunta a Bíblia. "A mulher forte levanta-se antes do sol, sai ao campo e provê a comida de seus empregados, tece um cinto com suas próprias mãos que cinge aos rins. Ela é a glória de seu marido e a bênção de seu lar." A mulher forte, o mais ferozmente bondoso dos animais da Terra, é também a mais impiedosa das criaturas. Sua bondade não abre exceção, encurrala-nos em nossos egos mesquinhos e não nos deixa respirar, como este ar morno, como o jogo do mar. Pois ela nada mais é do que a vitória final do destino, uma espécie de concordância com o que tem de ser, que anula os deveres, já que a mera presença do dever é sinal de relutância, mesmo que relutância vencida: uma erínia do amor, bondade vingativa. Ao refugar domado chamamos superego, você sabe. O superego é como o cavaleiro que incita e segura sua montaria. A bondade é egóica, porém se dá quando o ego se diluiu por obra de um acórdão em suprema instância com os fatos da vida. Nem o superego então lhe resiste, porquanto este só ganha existência no confronto interno de vontades egoístas, num jogo de dois tempos: faço ou não faço, dou ou não dou. Já o ego que incorporou os fatos até a medula, este nos detém sem força alguma, como a menina a segurar meu dedo; o ritmo que impõe ao sujeito é perfeitamente inelutável, entra-se para a família da bondade sem querer ou até a contragosto. "Quem encontrará a mulher forte?" Tome alguma vez a barca de Itaparica, meu amigo, e espere para ver. Não será difícil reconhecê-la. Seu rosto moreno é tão anguloso quanto arredondado, ou seja, é de uma maciez extremamente pronunciada, os lábios carnudos e definidos, o corpo cheio, terá uns sessenta anos, ela é bela e tranqüila, a palavra mais justa para dizer de seu porte sendo sobranceria. Cuidado então se a encontrar, pois ela o penetrará de paz feroz e você terá de fazer força extrema para retornar ao cinismo psicanalítico a que se habituou, uma vez que a teoria tradicional omitiu o conceito metapsicológico de bondade e nossa clínica tem desdenhado sua prática generosa.

Confunde-se bondade com pieguice, quando a bondade é lógica geométrica e é cálculo de predicados, em seu rigor. E é um equívoco do egoísmo também. Quando o eu se confunde com os aspectos cíclicos do mundo em que vivemos, em especial com a sucessão das gerações, o sujeito universaliza-se nalguma medida e os atos universais, mesmo que num universo diminuto, são egoisticamente bons: servem a todos, queiram ou não queiram. Transferencialmente, por conseguinte, a bondade atua na sinapse da comunicação entre analista e paciente, onde está representado o trânsito intergeracional do suceder terapêutico. É uma espécie de dispersão meticulosa que faz com que o analista, sem deixar de ser quem é, isento e neutro, ou de cuidar de si e de sua técnica, tenha lugares de alma disponíveis para ser ainda mais o outro do que o outro se é. Com isso, a análise pode funcionar; sem isso, não.

Bashô

Em Bashô — como em toda poesia e em parte da melhor prosa —, mas em Bashô excelentemente, a linguagem retorna à natureza, a linguagem torna-se natureza. As sílabas são juncos nos versos, que, por sua vez, são lagos. E há um olhar que introduz o poeta no interior da coisa, no junco, no lago, nas folhas à chuva, na sílaba e no verso. Identificação: o leitor no poeta, mas este na folha e na flor, dentro do metro, incorporados na cadência. Gotas de ser.

Em Bashô, a palavra cresce, é maior que o verso que a contém. Cria raiz e, pela raiz, liga-se às demais palavras, não por vulgar sintaxe, senão como se ligam entre si as coisas naturais: pela raiz na terra e pela raiz no tempo.

O homem encolhe-se, em Bashô, até ser sombra de homem. Depois, até ser caniço, depois, a sombra de um caniço n'água. Então, volta a ser um eu, mas não o mesmo, pois retorna de dentro do fora. Afeta-se de ser, como os seres naturais. Cultura refinada até resser fato e coisa.

Em Bashô, por fim, as palavras são como passos de caminhante, gestos de mão, sorrisos, olhares, escutares. Ou gotas e gotas. Têm peso, distinção e progressão. Mas detêm-se no interior de cada coisa, para se tornarem coisa também. O poema, em Bashô.

Interpretação: da tradução torta à esperançosa destradução.

Tempestade de inverno:
Mesmo o macaco
Quer uma capa.

Temporaneve:
Implora
Macacocapa.

Nesta manhã,
De roupa nova,
Um outro.

Em minha roupa,
Um outro novo,
Esta manhã.

Sobre o cogumelo —
Quem sabe donde? —
Uma folha!

Quem sabe donde?
Folha e cogumelo
Sabem!

Você, a libélula.
Eu, o coração sonhador
De Chuang-Tse

Sonhadora libélula,
Filósofo adejante.
Eu quem?

As traduções de poemas de Bashô que ocupam a primeira coluna foram perpetradas por mim, a partir do inglês, e sem qualquer pretensão literária. Não respeitam o metro justo do haikai nem respeitam o espírito do original japonês, idioma que desconheço por completo. São como boatos que repito de ouvir dizer. A esse título, são em tudo e por tudo equivalentes ao material de uma sessão, em sua relação com o inconsciente. Distorções, traduções tortas.

Como voltar dessas associações, já que não são muito mais que isso, ao texto original? Naturalmente, não há maneira alguma. Em teoria, posso pensar em aprender a língua; porém, segundo a teoria ainda, se o japonês se pode ensinar, o idioma inconsciente não.

A única maneira de caminhar em direção ao sentido original é, por conseguinte, afastando-se ainda mais, destraduzindo a tradução, como se tentou fazer na segunda coluna. A leitura das destraduções não conduz ao sentido verdadeiro ou para perto dele, reconheço. Apenas desestabiliza a ilusão de se estar de posse do significado. Algo têm a ver com os haikais, porém, essas novas associações. Não é

impossível que a leitura dos originais levasse alguém, de associação em associação, até resultados parecidos. Mais precisamente, o
choque entre a tradução e a destradução, talvez produza um efeito
sobre o leitor, convide-o a associar também, a recriar os poemas em
inúmeras variantes. Este processo não o conduzirá ao ponto certo,
mas sim ao correto ponto de vista, caso os originais estivessem perdidos para sempre. A um devaneio produtivo, a uma série de erros
necessários que concebivelmente o fariam cruzar, em certo momento, a linha associativa que algum leitor do original poderia
haver seguido. Claro, nunca saberíamos com exatidão quando isto
se deu. Assim trabalha o analista. Criando variações sobre a tradução do inconsciente que lhe traz o analisando, convida-o a um
equívoco jogo de desacertos que podem cruzar com a verdade. O
paciente, que sofria de significado, chega a experimentar sentidos.
Parece não existir melhor procedimento, em todo caso. São duas as
diferenças entre sessão e poesia. A primeira é que as associações
do paciente contam com a inspiração do inconsciente, o poeta na
medula dos sonhos. O que nos dá esperanças de acerto. A segunda, que nos desculpa em parte os erros, é que o original inconsciente não se perdeu — como na deprimente hipótese sugerida: simplesmente, nunca houve esse original. Se traduzir torto é associar,
destraduzir é interpretar psicanaliticamente.

Zêuxis

O Sagrado Coração é aquilo: mostrando-o. (...) Viriam então os passarinhos picar como no caso do garoto com a cesta de frutas mas ele disse que não porque eles deviam estar com medo do garoto. Apolo era ele.
J.Joyce, *Ulisses.*

Conta Plínio, o Velho, em sua História Natural, que o pintor grego Zêuxis, disputando um certame de realismo pictórico, executou o quadro de uma criança carregando uvas, com perfeição tamanha que as aves se aproximavam para as bicar. No entanto, acrescenta ele, sua obra não era ainda perfeita, caso contrário as aves não ousariam aproximar-se, por temor à criança...

Por seu lado, sem aparentemente dar-se conta de que estava começando a escorregar no paradoxo de Zêuxis, Freud escreve na XXIIIª Conferência Introdutória: "Se começamos por dizer diretamente (ao paciente) que ele está empenhado em trazer à luz as fantasias com as quais disfarçou a história de sua infância, observamos que seu interesse em examinar o tema diminui subitamente de maneira indesejável. Ele também quer experimentar realidades e despreza o que é meramente 'imaginário'. Se, porém, deixamo-lo na crença de que está ocupado em investigar os fatos reais de sua infância, (...) corremos depois o risco de vê-lo rir-se de nossa aparente credulidade."

A solução proposta por Freud para este impasse, "igualar fantasia e realidade", assumindo o analista uma posição neutra também a esse respeito, foi aos poucos dominando a prática analítica e converteu-se no selo característico da atitude dos psicanalistas, não apenas no que concerne às memórias infantis, mas na escuta de todo e qualquer relato ou material do analisando. "No mundo das neuroses, domina a realidade psíquica", completa Freud. E todos nós, tendo prestado atenção a esse ensinamento, evitamos julgar prematuramente se nosso paciente narra um fato ou uma fantasia, se algo aconteceu ou foi imaginado. Esta é uma posição que aproxima analistas de todas as correntes, sem sombra de dúvida.

Aceitamos uma espécie de pacto fundamental com nosso analisando, que consiste em não sair da situação transferencial para procurar provas. Não desejamos ter nenhum outro acesso a seu mundo, senão aquela porta misteriosa que se esconde nas quatro paredes do consultório: a escuta interpretativa.

A noção de realidade psíquica, originalmente introduzida por Freud, significa fundamentalmente, como se vê, que para o neurótico uma fantasia pode ter o mesmo peso da realidade concreta. Isto é, que a qualidade psíquica não é discriminada da realidade perceptual externa. Há, portanto, uma equivalência funcional — fantasias traumáticas equivalem, em certos casos, a traumas reais, é o que nos ensina —, não uma equivalência de constituição. Realidade psíquica não designa necessariamente aquilo que ocorre no psiquismo, mas indica apenas o fato de se poder tomar, equivocadamente, o psíquico pela realidade. Neste sentido — que não é completamente homogêneo mesmo em Freud —, emoções, sonhos, fantasias, experiência interna etc. não se deveriam chamar realidade psíquica. Hoje, emprega-se muitas vezes tal expressão como sinônimo de conteúdo psíquico, pura e simplesmente, resultado direto da extensão propiciada pela atitude clínica que acima consideramos.

Ora, a realidade que o analisando nos traz, sendo sempre sua realidade psíquica nessa acepção ampliada, é também sem dúvida sua representação da realidade concreta. Não há duas realidades. Ou há? Como seria a segunda, a realidade de fato, a realidade para lá da representação? Existem as coisas materiais, quando existem. Mas que são elas sob o prisma da atenção analítica? Nada mais que a repre-

A INFÂNCIA DE ADÃO e outras ficções freudianas | 45

sentação do paciente, caso contrário, suporíamos ter alguma sorte de acesso direto à verdade desconhecida de seu mundo. Com isso, todos ainda concordamos, provavelmente. A realidade material está sempre um pouco além do alcance metodológico do analista. O analisando pinta um quadro que não podemos distinguir da realidade, ao preço de abandonar nosso método. Nem ele o pode, evidentemente. E aí começam os paradoxos da realidade psíquica. Se toda realidade (psicanaliticamente falando) é representação, que é que representa? Qual o sentido da realidade psíquica, se não há termo de comparação externo no trabalho clínico? Como a tensão entre representação de realidade e realidade representada impulsiona o processo analítico? Aonde levaria o desejo de representar as coisas mesmas, de ter razão acima de qualquer dúvida, meta que tantos pacientes ambicionam alcançar, que o obsessivo busca na minúcia infinita e o histérico lamenta que lhe neguem por despeito? Como o analisando se mostra melhor: ao descrever-se como uma realidade fáctica, ou ao contar seja lá o que for que lhe ocorra? Fantasia é o mesmo que realidade numa sessão? Nesse caso, qual o sentido do termo realidade, ou ainda melhor, que sentido tem a palavra fantasia?

A quantidade de questões e paradoxos gerados pela noção ampliada de realidade psíquica não teria fim. No caso mais grave, o analista acaba ficando com duas realidades paralelas e estanques, o que se exprime em frases muito simples do tipo: "você não consegue perceber que as coisas são assim porque tem tais e tais idéias inconscientes". Juntam-se então a crença na objetividade natural e na autonomia do psiquismo. Ora, aliar um solipsismo psicológico ao realismo ingênuo constitui infortúnio excessivo para uma só teoria clínica. Entretanto, propor o banimento da noção ampliada de realidade psíquica não faz sentido, resultaria na proscrição de quase todos os analistas praticantes, no mínimo, nem resolveria as questões clínicas derivadas de sua generalização.

Talvez nunca cheguemos a resolver completamente esta questão. Pode ser o preço a pagar pelo projeto freudiano de criar um palco externo, o consultório, para a encenação do inconsciente. Ao raspar a consciência, por muito falsa ou sintomática que seja, nunca chegamos ao inconsciente, mas só às condições mesmas da consciência que, postas a nu, paralisam de imediato o pensamento. Mimetizando-o na transferência, estamos condenados todos a viver no campo transferencial, onde jamais se chega à coisa raspando a representação ou corrigindo seus equívocos. Quanto muito, rasga-se o pano do divã, depois de haver apagado o paciente. Ou, quem sabe, o projeto freudiano fosse viável em seu tempo, mas tenha acertado exatamente onde não viu, antecipando sem cautela a filosofia plena de uma época em que a substância morreu. Em qualquer dos casos, o paradoxo de Zêuxis permanece insolúvel. Se a representação for absoluta, como o é numa sessão de análise, tanto faz que seja boa ou má, pois o resultado será o mesmo. As aves não se aproximarão, seja por falta ou por excesso, nem poderemos decidir se o desejo furta-se à representação por desinteresse ou por temor.

A Realidade Indistinguível

A maioria dos críticos considera que a única pintura significativa de Lukas van de Velde, o mais obscuro e enigmático membro da ilustre família de artistas holandeses, tenha sido seu assim chamado *Auto-Retrato*, lamentavelmente perdido no incêndio que consumiu a casa do pintor, uns três meses após sua morte, ocorrida em setembro de 1635. Outros ainda opinam, atendo-se à mais fria objetividade, que este foi o único trabalho de sua obcecada vida. Com efeito, à parte os esboços monótonos que, em geral, não se consideram merecedores de figurar no acervo exposto dos museus especializados e permanecem confinados em sonolentos porões, só vez por outra mencionados como mera curiosidade por algum *scholar*, não se conhece outro quadro que se lhe possa atribuir com certa probabilidade.

Tais esboços apresentam detalhes do que se crê tenha sido seu ateliê, na cidadezinha de R., próxima a Leyden. A mesinha de canto, por exemplo, com seu jarro de flores pousado sobre uma toalha rendada, figura em nada menos de quinze esboços, sob todas as luzes imagináveis, ostentando rosas, anêmonas, margaridas, flores estivais e de outono, exuberantes ou secas — e duas vezes vazio o jarro, e à luz mais mortiça de quantas se haja valido a pintura de interiores, sugerindo que o artista prosseguia seus preparativos, com iluminação natural, também durante o inverno. Contam-se apenas cinco portas traseiras, sempre acanhadas e entreabertas, permitindo que se vislumbre uma ponta de tapete na sala vizinha, mas, em compensação, a maçaneta da porta é objeto de doze esboços conhecidos. Certos desenhos a carvão ocupam-se tão-somente da perspectiva geométrica do canto do ateliê que com tanta ansiedade Lukas desejava capturar e são anotados, incompreensivelmente para nós, numa escrita fina e precisa, com indicações de hora e posição, testemunhando os diferentes ângulos de visão do pintor, à medida que reposicionava seu cavalete. Mais que tudo, todavia, impressiona a infindável série de mãos direitas empunhando o pincel, sempre retratadas no ato de golpear a tela decididamente, porém corrigidas e corrigidas, o que lhes confere a característica algumas vezes descrita como "decisão hesitante". Não cabem dúvidas de que seja a do próprio Lukas e a hipótese mais sensata é a que atribui ao autor a intenção de fixar o movimento de sua mão no ato de pintar a própria mão. Curiosamente, não se conhecem esboços do artista de corpo inteiro, figura que afinal não deveria estar ausente num *Auto-Retrato*.

O interesse pela obra de Lukas van de Velde haveria de renascer brevemente quando, há coisa de três anos, descobriu-se aquilo que passou a ser chamado de "O Grande Esboço", quando das obras de restauração do imponente palácio que domina a vilazinha de C-K., na Boêmia meridional. Um pequeno quarto de serviçais foi então desobstruído, exatamente na entrada da galeria que leva do corpo do castelo aos jardins que coroam o elevado penhasco posterior. Lá, durante mais de dez anos, vivera um certo Jakob Macreus, discípulo de Lukas, comissionado pelo castelão, que lhe propusera executar uma série de retratos imaginários de ancestrais da família, em paramentos de cruzados, projetados para ornar a galeria baixa e outorgar ao novo possuidor da mansão senhorial a antigüidade e a nobreza de que carecesse talvez. O quarto é pequeno e escuro, mas a visão sobre o rio Vltava, o velho Moldávia, compensa largamente a escassez de conforto. Da janela estreita, quase uma seteira, que também estava obstruída quando do início das obras, pode-se admirar a estrutura maciça da ponte de pedra que liga os dois penhascos, aquele que sustenta o castelo e o de trás, ocupado pelo parque, ponte ao feitio de aqueduto romano, composta por três ordens de arcos superpostos. O rio ali é alegre e estreito, quase um riacho, mas bordejado de árvores e, hoje, navegado por turistas austríacos que acorrem às corredeiras para praticar canoagem.

O quartinho nada continha senão um catre e um baú de roupas, mas, dentro deste último, encontrou-se, enrolada e ainda em razoável estado de conservação, uma tela de 80 centímetros de largura por 120 centímetros de altura que constitui a maior aproximação a que já se chegou do importante *Auto-Retrato* de Lukas van de Velde. O quadro não está assinado, mas isto não oferece qualquer óbice para a identificação da obra, uma vez que nele estão reunidos todos os elementos constantes dos esboços. Vê-se o canto direito de um aposento razoavelmente espaçoso, com toda a certeza uma sala de visitas convertida em estúdio. Na parede lateral, abre-se a janela, protegida por delgada cortina, que deixa filtrar uma luz primaveril sobre o vaso na mesa cantoneira, agora exibindo um ramalhete de flores silvestres, azuis e amarelas, que datam a feitura provável da tela para os primeiros meses quentes do ano. Ao lado esquerdo da mesa, a tão conhecida porta entreaberta, com sua curiosa maçaneta de gomos, exatamente pintada como no melhor dos esboços. As paredes são ocres e um tanto descascadas pelo tempo; no entanto, o chão de tábuas corridas parece meticulosamente limpo e encerado. No primeiro plano, como seria de esperar, figura o cavalete sustentando a tela. Esta foi pintada com a precisão de um acabado miniaturista, retratando a mesma cena do quadro principal, em tão cuidadoso pormenor, que mesmo a tela dentro da tela repete fielmente a cena, ainda quando examinada com uma lupa.

À frente da tela, mais ou menos à altura da trava horizontal do cavalete, mergulha, como que vinda de fora, a mão do pintor, empunhando seu pincel mais fino, com o qual parece retocar uma última vez o punho de renda da mão retratada, aprontando-se para iniciar o desenho do braço. Mas não há braço nem corpo. O exame radiográfico do retrato não revelou, aliás, tentativa alguma de fazer figurar o pintor em seu *Auto-Retrato*. O que apareceu, isso sim, foi uma superposição absurda de pequenas correções, notáveis sobretudo no desenho das flores: supressão de algumas pétalas, correção da forma, do lugar e até da coloração de outras, como se Lukas desejasse ser obstinadamente fiel à deterioração que o tempo despendido no trabalho ia cobrando de seu ramalhete. É interessante notar também que a cada correção do ramalhete corresponde idêntica correção, extremamente custosa, daquele que aparece na tela retratada.

Por esta razão, quem sabe, um dos primeiros estudos sérios do Grande Esboço sugeria a necessidade de um exame microscópico das sucessivas telas, a que aparece no quadro, mas também aquelas que figuram nesta última, uma dentro da outra, a fim de detectar quantas vezes a mesma cena se repete. Infelizmente, o fato de o quadro ter sido enrolado e desta maneira ter viajado por metade da Europa, além de haver assim permanecido por mais de trezentos anos, fez com que a pintura rachasse em muitos pontos, tornando ineficaz qualquer tentativa de microscopia mais acurada. Tão cedo se revelou a impossibilidade, surgiram interpretações perfeitamente visionárias do Grande Esboço. A mais curiosa delas propunha que o retrato de Lukas devia aparecer defronte a seu cavalete, porém apenas na última das telas embutidas; não faltou, evidentemente, quem sugerisse que o pintor havia sido engolido pelo quadro a que dedicara a vida, não tendo sequer morrido, mas que estaria procurando repintar-se, de dentro para fora de seu quadro, tela após tela, da menor para a sucessivamente maior e assim por diante, ao longo de três séculos e meio de insano e vão labor.

Esta rebuscada história nunca teria atraído minha atenção, não fora por um telefonema que recebi de meu amigo Jíri Vorísek, há poucas semanas, em Praga. Havíamo-nos conhecido no Congresso Internacional de Roma, quando ele me presenteou com alguns de seus trabalhos. Além de bem-dotado para a música, como tantos conterrâneos seus, e descendente longínquo do conhecido compositor, a curiosidade de seu temperamento arrasta-o para quantos mistérios nossa titubeante realidade confronta o espírito humano. Seus escritos sobre a psicanálise da obra de arte, em particular, renderam-lhe alguma notoriedade e muitas suspeitas dos meios oficiais, pela originalidade de seus pontos de vista e estranheza de interesses. Não me recordo de uma só dessas interpretações que se pudesse classificar numa das escolas psicanalíticas. O problema da realidade fascina-o desde há muito, e como este é também um dos de meus interesses, nossas primeiras conversas e a correspondência que se seguiu sempre foram extremamente estimulantes para mim.

Eu o avisara que passaria por Praga, a caminho do Congresso de Amsterdã, porém sem muita esperança de encontrá-lo, pois a ocasião coincidia com suas férias. É fácil compreender a excitação em que ficamos, minha mulher e eu, quando recebemos seu telefonema, em nosso quarto no velho Hotel Jalta, na praça Venceslau. Ele nos convidava para uma cerveja às sete da tarde, no *U svatého Tomáse*, e, com sua desconcertante polidez, pedia-me repetidas desculpas por ter de nos submeter à leitura de algumas notas sobre o *Auto-Retrato* de Lukas van de Velde, que cogitava apresentar em S. Francisco, de então a dois anos, como trabalho livre, dentro do tema realidade psíquica.

Nossa curiosidade era tanta que às quatro já saíamos do hotel e, batendo pernas pela Cidade Velha, quando nos demos conta, já estávamos cruzando a Ponte Carlos, sob um céu francamente ameaçador. Antes que a chuva desabasse, entramos na Igreja de S. Nicolau, onde nosso amigo garantira que poderíamos assistir a um concerto inesquecível. De fato, a enorme igreja na penumbra, as grandes estátuas barrocas de bispos e papas mirando o altar e o órgão, que acompanhava uma soprano em árias de Bach e Corelli, logo nos fizeram esquecer o mau tempo, levando-nos ao estado de ânimo fluido e sonhador que, como ele mesmo já devia ter antecipado, haveria de facilitar a escuta de seu relato.

Às sete, atravessamos a Praça Malostranské e entramos na antiga cervejaria. Ele já nos esperava, numa mesa sossegada, bem ao fundo, sob os arcos góticos, protegida da algazarra de turistas e locais que se misturavam nas longas mesas rústicas de madeira do salão principal. Munidos cada um de meio litro da maravilhosa cerveja escura, que ainda lá se fabrica exclusivamente para consumo da casa, e de um cálice suado de becherovka geladíssima, mergulhamos diretamente em sua história.

"Como vocês sabem", começou, "venho me interessando por aquele doido pintor, desde que descobriram o *Grande Esboço* aqui em meu país. Até publiquei umas notas num pequeno jornal de arte. Provavelmente por causa disso, no mês passado, o Diretor do Departamento de Conservação Artística mandou-me chamar. Ele queria uma opinião psiquiátrica, e não sobre qualquer de seus subordinados, que bem a mereceriam, mas sobre Jakob Macreus!

"Acontece que a tela não foi a única coisa encontrada no baú de roupas velhas em C-K. Havia também um caderno de notas. Parece que durante os anos que Jakob passou a pintar no castelo, seu mestre esteve constantemente a escrever-lhe, dando notícias de suas pesquisas para a elaboração do *Auto-Retrato*, pois, pelo que se depreende das notas, não só o projeto era o único de Lukas, como Jakob foi seu único discípulo e confidente.

"Pois bem. O caderno de Jakob não endossa nenhuma dessas bobagens de o pintor ter sido engolido por seu quadro, é claro. Aliás, se tivesse de ser engolido, não o seria pelo esboço, mas pela obra final, não acham?"

Concordamos de imediato. Esse tipo de solução fantástica para as coisas inquietantes sempre me pareceu de ridículo mau gosto, simples falta de capacidade para deixar que um mistério permaneça misterioso. Foi isto que lhe respondi.

Jíri concordou: "Justamente. E, no entanto... Não diria que a idéia se tenha tornado mais razoável, porém parece ter acertado algo, embora por vias tortas. O fato é que nunca houve um óleo final chamado *Auto-Retrato*. Houve um projeto, e o *Grande Esboço* era, pelo que tudo leva a crer, o modelo exato do que Lukas van de Velde tinha na cabeça. Só que o quadro devia ser muito maior, monumental, uma *Ronda Noturna*, como a que Rembrandt pintaria poucos anos depois, quem sabe até maior. Na verdade, Lukas projetara-o para ter tamanho natural. Além disso, devia ser sincrônico, exprimir cada transformação dos objetos da sala, as flores sobretudo, mas também a luz e as ondulações da cortina, de forma que um observador não pudesse distinguir o quadro da realidade.

"Ora, é claro que o observador da cena dificilmente poderia ser outro que não o próprio Lukas, caso contrário o quadro teria de ser repintado continuamente, a cada nova visita. Isso, porém, não o embaraçou. Combinara com Jakob que, no momento de dar a última pincelada, ele estaria a seu lado. Seria uma vez só, um instante privilegiado de contemplação, que valeria, porém, o esforço de uma vida. Por isso, correspondiam-se amiúde, enquanto Jakob trabalhava em sua empreitada medíocre. Como Lukas vivia totalmente só e nada devia ganhar do trabalho, é provável que o discípulo lhe enviasse quase todo o dinheiro que recebia, a fim de sustentar a maravilhosa obsessão do mestre.

A INFÂNCIA DE ADÃO e outras ficções freudianas   53

"Havia um problema, não obstante. Lukas não conseguia decidir a forma de se representar na obra-prima. Em qualquer posição onde se pusesse, seu vulto encobriria parte dos objetos da tela, sem que o mesmo estivesse ocorrendo com os objetos da sala. Só isto já denunciava a impossibilidade da obra indistinguível."

A essa altura, fomos interrompidos pela chegada de uma farta travessa de ganso assado, especialidade regional que atacamos em silêncio. A história, entretanto, dava voltas à minha cabeça. Por fim, não resisti à pergunta óbvia: "Diga-me Jíri, esse nosso Lukas poderia ser um tanto amalucado, mas com certeza não era estúpido. Ninguém pode confundir uma pintura com uma sala, se está dentro da sala. Aliás, como enfiar na sala uma tela do tamanho da sala?"

Jíri, não levantou os olhos do prato, enquanto trabalhava com minúcia de cirurgião a pele crocante de uma coxa, mas respondeu meditativo: "Também pensei nisso e não concluí nada. Minha hipótese é que, num primeiro momento, o projeto ainda não estivesse completamente claro. Mas, enquanto trabalhava nos esboços, procurando veracidade absoluta, a idéia de uma obra indistinguível deve ter tomado conta do pintor. Todo auto-retrato aspira mais ou menos a ser isso: é obra e espelho. Só que Lukas quis levar a proposição a sua última e lógica conseqüência. Contudo, uma representação que não se possa distinguir da realidade será a própria realidade. Todavia, se a representação for mesmo a realidade, já não há o que representar, não é mesmo?"

Assenti impaciente: "E nesse caso..."

Ele prosseguiu: "Nesse caso, é forçoso que a indistinguibilidade seja posicional. Numa posição é indistinguível, noutra não. Isso significa que a posição em que a representação não se pode distinguir da realidade define exatamente o autor da representação, o sujeito, e com tanta exatidão que este não se pode confundir com nenhum outro. Da posição de Lukas, o quadro que pintava era exatamente a sala que via como pintor, embora não como residente da casa. Afinal, ele tinha outras vias de contato com o jarro de flores, por exemplo, devia trocar a água e, de quando em quando, substituir as próprias flores. Também andava pela sala, limpava ou via alguém limpar os móveis etc. Porém, como pintor, a sala era apenas seu modelo. O problema insolúvel, se não me engano, foi só o de se retratar na pintura. Ele simplesmente não tinha lugar possível. Isto é: o quadro definia o pintor, mas este não se podia meter dentro dele, sob pena de termos dois Lukas — um, o próprio pintor, outro, no quadro." A idéia fascinou-me. Assegurei-lhe que isto daria um trabalho psicanalítico de primeira ordem, pois a situação me parecia definir perfeitamente a condição de realidade de uma sessão, onde faltam outros modos de acesso à realidade, que não associações e interpretação. Quantas vezes nossos pacientes não se esforçam desesperadamente para se definir, explicam longamente como são e como desejariam ser, criticam-nos por não os vermos com seus próprios olhos. Temos de ser mais pacientes que os pacientes durante essa inevitável fase da análise, pois faltam palavras para explicar que o analisando está inteiro no ato de dizer o que diz, fale ou não de si; e, tal como o pintor que é definido pelo quadro que está pintando, sem que para tanto precise enfiar-se nele, tudo aquilo que diz o define, sendo até levemente autocontraditório querer o paciente explicar quem é.

Jíri interrompeu o que me parecia uma promissora conferência, concordando taxativamente.

"Isto é exatamente o que pensei colocar em meu trabalho sobre realidade psíquica. Psíquica é a realidade mesma, não há uma segunda versão interna. A de fora já é criação psíquica. E, ao mesmo tempo, é a realidade objetiva, pelo menos enquanto ambas são posicionalmente indistinguíveis. Depois, a gente pode dizer que se enganou ou pode mudar de idéia. Mas tudo o que houve no segundo momento já foi um cotejo entre uma e outra versões psíquicas da realidade. Ora, por outro lado, não teria cabimento dizer que uma representação é indistinguível da realidade e negar a existência da realidade. Logo, sobra um terrível paradoxo, porque toda realidade é sempre representação. Representação de quê? Meu ponto é que este insolúvel paradoxo impulsiona o processo analítico, criando novas representações indistinguíveis, mas também impulsiona a cultura humana como um todo e, em especial, a arte.

"Lukas era um homem lido. Provavelmente conhecia algo da filosofia medieval e não devia estar alheio aos problemas do nominalismo e do realismo. E era um pintor sintonizado com seu

A INFÂNCIA DE ADÃO e outras ficções freudianas 55

tempo. Seus parentes e contemporâneos estavam precisamente trazendo a pintura para o dia-a-dia, retratando paisagens, interiores burgueses e os próprios donos do dinheiro. As duas Companhias das Índias acabavam de ser criadas. Os holandeses haviam-se libertado da Espanha e estavam inventando um mundo onde o negócio substituía o rei e as coisas valiam por elas mesmas, não eram mais símbolo de qualquer realidade suprema. Para ele não seria pois repugnante a idéia de que o pintor nada mais é que seu quadro.

"Assim, lentamente, deve ter germinado a fantasia de um auto-retrato exatíssimo em que o retratado não poderia figurar, mas onde também ele não é necessário. Só que então as idéias puseram-se a galope. Para que seria preciso usar uma tela? Bastava a pintura. E, no verão de 1635, logo após ter completado o *Grande Esboço*, pelo que se depreende das notas de Jakob, ele pôs-se a pintar os objetos da sala minuciosamente, cobrindo a superfície da mesa, das cadeiras, o chão e o teto, cortina e janela de uma camada finíssima de tinta que reproduzia perfeitamente a cor original. Pintou as paredes e reproduziu meticulosamente o descascado. Até as flores repintaria no fim, imaginem o trabalho!

"Talvez o *Grande Esboço* visasse à produção do quadro monumental. Desconfio, porém, que já era um esboço do primeiro *hapenning* pictórico de que se tem notícia. Por uns tempos, pensava ele ainda em enquadrar a própria sala e consultou seu fornecedor habitual sobre o preço da moldura, que deveria correr pelas paredes, isolando o canto escolhido. Depois desistiu da idéia, não tanto pelo preço e pelas dificuldades práticas, mas por se convencer de que a emolduração seria supérflua. O fato mesmo de ter repintado a sala fazia dela uma representação artística, já agora, esperava ele, indistinguível da realidade.

"De tudo isso temos indícios nas notas de Jakob. Os planos são descritos com entusiasmo, mas não se pode dizer que ele conseguisse acompanhar o pensamento do mestre. No máximo, acreditava estar assistindo a um evento extraordinário, que haveria de mudar o curso da história da arte. Em momento algum julgou Lukas um louco. Tinha por ele o máximo respeito.

"Não assim nosso Diretor do Departamento de Conservação Artística, que praticamente me tentou convencer a passar um certificado de insanidade mental retrospectivo a Jakob Macreus. Ele queria que eu desacreditasse o caderno de notas como simples fantasia delirante, protegendo a bem estabelecida convicção na existência de uma obra-prima normal, destruída num incêndio, de que nosso *Grande Esboço* seria o precioso e único remanescente. As notas estão trancadas a sete chaves no Departamento, pois temese com razão que, divulgando-as, acabemos por desencadear uma peregrinação de adolescentes drogados a C-K., em busca de novo objeto de adoração psicodélica, o que certamente espantaria os turistas austríacos. Com isso, nem sei se é prudente publicar meu pequeno ensaio. Sem provas e tendo de fazer tudo parecer uma ficção, além de ficar malvisto por aqui, o diretor de algum departamento de conservação psicanalítica que porventura exista pode vir a considerar meu caso igualmente problemático. Com a abertura, estamos todos meio temerosos dessa enxurrada de turistas jovens, saudosos de Woodstock. Aqui tudo é tão barato... Você certamente viu o espetáculo na Ponte Carlos, parece coisa da nossa juventude, não da deles.

"De um lado, o Departamento, de outro, o interesse da IPA pela Europa Central. Ninguém quer um escândalo a esta altura dos acontecimentos. Por isso fiquei aqui, esperando-o, enquanto minha mulher e as crianças foram para Paris. Queria falar com você. Que acha, arrisco?"

Respondi-lhe que, se fosse ele, também ficaria em dúvida. O Grupo de Estudos de Praga ainda não fora reconhecido e os futuros membros haviam de mostrar-se cidadãos acima de qualquer suspeita. Mas, e a história, ninguém a conheceria? Além disso, sua teoria da indistinguibilidade estaria perdida, certamente uma pena para todos os terapeutas, analistas ou não.

Foi então que Jíri pediu-me o favor estranho de escrever sua descoberta como se fosse uma história inventada, mantendo em essência os fatos e certas referências, mas alterando alguns nomes e locais, tal como o teria feito num relato clínico, para preservar sua sobrevivência intelectual e profissional. A minha, conforme ele aduziu com a mesma polida objetividade com que nos convidara a escutá-lo, não correria maiores riscos por sua causa: minha obra publicada já oferecia argumento bastante para diversas con-

A INFÂNCIA DE ADÃO e outras ficções freudianas 57

denações. As idéias que desejava propor eram suficientemente parecidas às minhas próprias para que ninguém suspeitasse de uma inocente ficção conceitual. Ademais, sempre poderia eu escrevê-la num estilo ambíguo, entre testemunhal e fictício, para me proteger da eventualidade remota de que as notas de Jakob fossem divulgadas de repente e, com elas, viesse à luz também a autoria da hipótese teórica. Comecei a ceder a seus argumentos. De qualquer modo, a fantasia de um pintor hiper-realista *bien avant la lettre* fascinava-me tanto quanto a ele. E, se algum dia fosse eu acusado de plágio ou de apropriação indébita, sempre poderia defender-me com o próprio conceito de indistinguibilidade. Como distinguir teoria e ficção num primeiro momento? Uma ficção, sustentada por largo tempo, costuma criar a realidade que a transforma por fim em teoria. Exemplos não faltam, dentro e fora da Psicanálise. Até que isso ocorresse, se viesse a ocorrer, sua teoria não se poderia distinguir de um inocente conto; logo, seria realmente um conto, por definição de indistinguibilidade.

Para resolver-me, sobrava, entretanto, uma última questão. Como fechar a história de Lukas e Jakob, dos quais ninguém mais ouvira falar depois do ano da graça de 1635. Lukas já era um ancião e, ao que se sabe, morrera em seguida, mas o discípulo não teria mais de quarenta anos e, mesmo sem ser brilhante, algum traço deveria ter deixado. Pelo menos em C-K., onde haviam ficado suas coisas e uma encomenda por completar, alguém devia ter inquirido de seu paradeiro.

"Pois perguntaram, mandaram cartas e mais cartas. Parece que aqueles esnobes gostavam realmente dos retratos de seus antepassados em roupa de cruzados e queriam ter a coleção completa, incluindo algumas figuras históricas sem qualquer parentesco remoto com a família. Na verdade, achavam Jakob um gênio, seu gênio artístico particular. Mas ele sumiu de todo, nunca respondeu a uma carta sequer nem pôde ser localizado pelas autoridades de R., a cidadezinha onde estudara com Lukas. A história é de mistérios realmente, daquelas antigas, um pouco de Conan Doyle e muito de Borges. Por que você não a escreve no rigor do estilo? Linguagem de velha novela detetivesca, um intrincado problema intelectual, um pouco de teoria, um toque de ambiente gótico — quem sabe possa até mencionar nosso jantar na cervejaria: quem vai saber se *U Tomáse* existe ou não? Só os tchecos e estes não vão ler... Olha que o Umberto Eco ficou rico mais ou menos com os mesmos ingredientes."

Minha mulher apreciou o desafio e confesso que me deixei seduzir. Não levo jeito de contista, mas, como falso contista talvez me pudesse sair bem, como falso autor de ficção e falso teórico, a propósito. Mas ainda me faltava o fim.

Jíri concedeu-mo relutante.

"Se você quer saber que escuros devaneios tive, posso contar, mas a responsabilidade é sua se os puser no papel. Imagine que Lukas tenha escrito uma última carta a Jakob, pouco antes de morrer, declarando sua obra completa. Este sairia correndo, sabendo da saúde periclitante do mestre, para não perder o instante de contemplação suprema, tão longamente preparada. Deixaria seus trastes e mesmo a tela, que já não tinha maior importância, até o caderno de notas, pois estava de partida para a descoberta da pintura final, do retrato falado da coisa em si, como depois de Kant se pode dizer. Pensava em voltar logo, transformado num artista de verdade. Que sonhos de glória deve ter alimentado no caminho! Pelos meus cálculos, a viagem a R. há de lhe ter custado muito mais de um mês. Contando a demora da carta de Lukas, isso perfaria quase exatamente os três meses entre sua morte e o incêndio do ateliê.

"Digamos ainda que Lukas van de Velde tenha falecido quase exatamente depois de postar a carta, ou seja, mais ou menos no dia em que dera por completo o ensaio geral de sua obra. A coincidência não é tão fantástica, uma vez que o detalhismo absurdo do projeto, que levava às últimas conseqüências a mania de exatidão da pintura dos Países Baixos, havia de exigir manutenção contínua de qualquer modo. Lukas ainda teria de dar os últimos retoques quando Jakob chegasse, no mínimo trocar e repintar as flores do vaso. Declarar completa a pintura poderia ser um sinal de exaustão. Por outro lado, morrendo o artista, a pintura ficou automaticamente terminada. Ou, se vocês preferem acreditar em efeitos inconscientes, pode ter sido a própria Psique da Arte, invocada por Lukas, quem interveio para prevenir a obscenidade que se perpetrava: o desmascaramento empírico da contemplação estética.

"Se virmos as coisas por este ângulo, Jakob também teria fun-

A INFÂNCIA DE ADÃO e outras ficções freudianas 59

cionado como instrumento da mesma força de interdição. Pensem um pouco. Nada mais esperava o aprendiz em R., senão uma sala meticulosamente pintada para parecer que o não fora. Mas as flores já estariam murchas, o pó acumulado sobre os móveis. Seria como visitar um palco depois de acabada a peça, perdera-se o brilho da criação, sem nunca ter sido admirado por ele nem por público algum. Isto já de si seria intolerável. O mais grave golpe viria, porventura, da falta do elemento principal do *Grande Esboço*, a mão do artista, enterrada, ausente. Que *Auto-Retrato* seria aquele, sem a mão de Lukas figurando em primeiro plano? Frustrado, enfurecido, Jakob cumpriu então, imagino que sem nenhum dos dois o suspeitar, o último desejo do mestre, incendiando sua casa. Depois, pode até se ter engajado na expedição de Nassau e ido para o Brasil. Vocês riem? Por que não? O tempo alcançaria para tanto. Além de Frans Post, outros pintores menores devem ter sido contratados. Vi uma exposição de brasilianas nalguma parte e havia um bocado de quadros anônimos. Se bem que, se fosse ele, nunca mais me aproximaria de uma tela ou de um pincel."

A noite já caíra quando deixamos o restaurante, com um litro e meio de cerveja e umas três becherovkas dentro de cada um. Caminhamos em silêncio até o hotel, pelas ruas estreitas da Starometská. Só na despedida, meu amigo Jíri voltou ao assunto.

"Veja. Lukas permaneceu em sua obra; não havia como entrar mais fundo ou como sair dela. Jakob, este sim, foi engolido, e talvez ainda esteja tentando sair de dentro das telas embutidas uma na outra. Só me pergunto é que papel farei eu nessa história, se algum dia você a escrever. Transferência gera realidade, e é mais seguro que psicanalistas não inventem. Talvez não soubesse distinguir-me da personagem que estamos criando. O pior é que nossa situação tem um vago sabor de *Auto-Retrato*, tem duplos demais esta história toda para ser saudável. Prometa-me que a publica em sua terra, que me faz saber das reações, mas que, em hipótese alguma, jamais me deixará pôr os olhos em cima. Vivendo na terra de Kafka, ninguém sabe como vai acordar pela manhã."

Três Esboços para Inventar a Realidade

"Erro, ergo sum."
S. G. Tartakower (1887 – 1956),
Grande Mestre Internacional de Xadrez.

O xadrez é um esporte violento.

O novelista alemão E. S. Freund (1829 – 1893) — não confundir com S. Freud (1856 – 1939) — não se pode considerar uma celebridade. Sua ficção, pelo que se sabe, pouco fez para lhe garantir o sustento, que dizer para o imortalizar. Estudou direito, ingressou no jornalismo, porém problemas de audição impediram-no de seguir carreira. Não obstante tais inopinadas desventuras, Freund não era homem despojado de iniciativa e de ambição. Sendo um enxadrista competente, dedicou-se a escrever sobre xadrez. Seu *Kleines Lehrbuch des Schachspiels* (1881) foi o manual onde gerações de jovens alemães se iniciaram na arte de Caissa. Publicou também uma coletânea de problemas premiados.

Isso quanto à iniciativa. Não dormia, entretanto, a outra metade de sua alma, a ambição. Obcecado pela celebridade que o destino lhe roubara, concebeu um experimento singular. Inventou uma personagem novelesca, que batizou de Dufresne, anagrama de seu próprio nome. Jean Dufresne, enxadrista francês, haveria de realizar seus sonhos mais gloriosos. Depois de bater a maioria dos mestres de seu próprio país, inclusive o famoso Kieseritzky, no Café de la Régence, onde se costumava reunir a nata do xadrez, depois de realizar uma turnê vitoriosa em Londres, Dufresne dirige seu interesse para a Alemanha, em 1851. Certa noite, ele se depara, em Berlim, nada menos que com o grande Anderssen, o campeão de seu tempo, quando não se havia ainda regulamentado o campeonato mundial da FIDE — a Fédération International Des Échecs. O campeão mundial, *avant la lettre*. No embate titânico que se segue, Dufresne não apenas o derrota, como era de se esperar, mas o humilha. Embriagado pela desmedida liberdade da ficção, Freund descreve, em sua crônica fantástica, uma partida recheada de brilhantes sacrifícios, culminando num mate de problema, o bispo branco se avizinhando ao monarca inimigo para um fulminante *tête-à-tête*, em sete rei. Sua vitória sobre o monstro sagrado, ou melhor a de Dufresne, Freund a batiza de *A Imortal*.

A fama, porém, é traiçoeira. Os leitores da *Schachzeitung*, onde publica suas crônicas, enviam cartas urgentes à redação, exigindo conhecer a maravilha. Ele a escrevera de forma um tantinho ambígua, mais de acordo ao sonho que às convenções literárias, deixando margem a crer que era verdade. E agora pediam a partida. Como a inventar? Freund apela para Dufresne, que só lhe sabe responder: o escritor é você. Mas a desventura nunca vem sem sua coorte de assanhadas companheiras. Anderssen, de viagem a Londres, em 1851, enfrenta Kieseritzky, que apesar da derrota imaginária contra Dufresne, era um dos mestres mais reputados de então, e infringe-lhe terrível derrota, num gambito do rei — a própria agudíssima abertura que Freund fizera jogar seu Dufresne contra ele, Anderssen —, sacrifica duas torres, e só não termina com um bispo sete rei, mate, porque o infeliz francês de adoção abandona no vigésimo lance, desalentado do jogo e do destino infausto.

Ao ver sua ficção realizar-se de forma tão desastrada e tão contrária ao projeto, Freund prepara-se para o pior e decide confessar o meio embuste que aplicara aos leitores. As suspeitas de que sua despretensiosa crônica imaginária — assim ele a classificava agora

A INFÂNCIA DE ADÃO e outras ficções freudianas   63

que estava com a cabeça a prêmio — houvesse sido fruto de uma prodigiosa premonição, combinava-se com outra suspeita, mais virulenta, de que já teria conhecimento da partida de Anderssen, por trabalhar no jornal, e pretendia publicá-la como invenção sua. Por mais despropositada e ridícula que fosse tal acusação, a maldade humana desconhece limites, como amargamente se dizia o pobre escritor. Pressionado por editores e leitores, pelos colegas enxadristas, pelos caçadores de fenômenos espirituais e pelos caçadores de escândalo, dava Freund tratos à bola para escrever uma passável crônica de autojustificativa, mas seus limitados dotes de escritor o desertavam na hora H.

Deprimido, certa noite, Freund decide espairecer no círculo berlinense de xadrez que freqüentava. Pensaria em algo, enquanto jogava uma partidinha amistosa. De novo, porém, o fado cruel decidiu não lhe dar tempo. Mal chegara, entra no clube um homem alto e calvo, bem barbeado e melhor vestido. Todos se levantam, mas ele dirige-se sem pestanejar para Freund. "Mein Freund" — trocadilho vulgar, pensa este —, "li com admiração sua crônica sobre mim e vim cumprimentá-lo. Que tal jogarmos uma partidinha entre amigos?" E Anderssen, que outro não poderia ser, dada a urucubaca de Freund, vai arrumando as peças sem esperar resposta, os olhos brilhando, provavelmente de amável ironia, pensam os curiosos que se acercam do tabuleiro, com certeza de sede de vingança, pensa Freund.

Que fazer? Desmanchar-se em desculpas ignóbeis, fingir que sua dificuldade auditiva impedia-o de reconhecer o campeão do mundo, pedir licença para um suicídio rápido? Freund escolhe jogar, é óbvio. Sorteiam as cores. Anderssen, de brancas. Peão quatro rei de ambos os lados, mas Anderssen, o grande, o imenso — ele ia crescendo aos olhos de Freund —, não empurra o peão do bispo a quatro, mas sim o cavalo do rei, não lhe tivesse o premonitório adversário preparado alguma surpresa metafísica. A partida toma o conhecido caminho do gambito Evans. Freund vai fazendo o que pode. Num lapso de hybris passageira, imagina ser a personagem e começa a anotar os lances da partida "Anderssen X Dufresne", vislumbrando coletâneas e imortalidade. De repente, como em seus piores pesadelos, Freund vê o temível adversário lançar suas peças num ataque monstruoso, sacrificando uma após a outra, chamas subindo do tabuleiro. Uma torre, no vigésimo lance. Não, ele se corrige, nem nos pesadelos, que devem proteger o sonhador, como ainda se descobrirá algum dia. A dama, no lance seguinte, que ele tem de tomar de rei, e, como valquírias wagnerianas, as peças menores brancas esvoaçam em seu campo, acossando o rei, que tomado talvez de reminiscências compulsivas... Não, Freund não pode acreditar, seu rei se move para a casa prescrita e o bispo branco, com bênção episcopal, pousa delicadamente no mesmo sete rei e lhe dá a extrema-unção: xeque-mate!

Anos depois, em 1855, Falkbeer, o famoso especialista no gambito do rei, do qual uma variante fundamental leva o nome, tem uma inspiração. Republica a vitória de Anderssen, sob o imprevisível título de A Imortal — como até hoje é conhecida a partida Anderssen X Kieseritzky, reputada a mais bela partida de todos os tempos! Oh, mas Freund não foi de todo deserdado pela sorte e também se acabou imortalizando. Anderssen X Dufresne, sob o título gracioso de A Sempre Viva, figura em todas as antologias de xadrez, como a segunda mais bela partida de todos os tempos...

Talvez devesse ainda completar a história, se a vier a escrever. Esta é uma crônica fantástica, sabem vocês. "Uma despretensiosa crônica imaginária", como diria nosso amigo Freund, o escritor. Quase tudo nela é inventado, improvável ou inverossímil. Um fato só, porém, eu o falseei sem pudor e este devo confessar, a bem da verossimilhança e para me prevenir das assombradas vinganças enxadrísticas de que trata a história aqui esboçada. Suponho mesmo que já a tenham adivinhado. Como é óbvio, Jean Dufresne não era francês, mas alemão. Aliás, E. S. Freund, o anagrama, foi apenas seu pseudônimo literário.

Fortuna Imperatrix Mundi

Um livro foi escrito. Grande novidade, tantos o são; e os que não o são não são livros.

Em que ínvio idioma o foi, no entanto? Num idioma de raiz úgrica talvez. Na Hungria, nação desmembrada da antiga Kakânia (como apelidou Musil o Império Austro-Húngaro), ou na Finlândia, país

A INFÂNCIA DE ADÃO e outras ficções freudianas

escandinavo de ascendência viking. Poderia haver sido escrito em estoniano, língua parecida ao finlandês, vale dizer, incompreensível como ele e como o húngaro, falada num país báltico, de ascendência... Mas não convém precisar excessivamente a data de publicação, por razões de sigilo proficcional. No caso da Estônia, uma decisão sobre sua ascendência delataria o ano da redação deste texto. Até que se separasse da União Soviética, os estonianos haviam sido, desde a antigüidade, um povo de pacíficos fazendeiros, invadidos e saqueados, de tempos em tempos, por guerreiros vikings. Depois da separação, passaram a ter sido eles mesmos guerreiros vikings autóctones. De ambas as origens encontraram-se sobejas provas arqueológicas, sólidas e irrefutáveis, ao que parece. Se combinamos a pequena distância que separa os países bálticos da Escandinávia, com a respeitável distância econômica entre os dois mundos — sendo o PIB médio escandinavo mais de dez vezes o báltico e a renda per capita nem falar —, não causa espanto que um país empreendedor decida arrumar suas malas arqueológicas e mudar-se de região geográfica. (A informação vem de um professor de arqueologia, se não me falha a memória, e consta da revista de bordo da companhia aérea da Estônia, dado indicativo de que, além de empreendedores, os estonianos possuem fino humor.)

Aqui, o texto poderia seguir com uma ampla digressão sobre idiomas. Mas estes esboços estão sendo projetados para ter a forma de ficções, sem qualquer compromisso com a realidade, senão o de a desnudar. Não de panfletos políticos, que a querem convencer a mudar de roupa. Procurarei evitar, no texto final, disquisições sobre idiomas e nacionalidades, que apenas serviriam para instruir os incautos sobre a significação do adjetivo internacional aplicado ao mercado editorial e aos prêmios literários. Diz-se, por exemplo, que Borges costumava comentar: "por mais um ano manteve-se a tradição de não me conceder o prêmio Nobel..." M. Sholokhov ganhou o Nobel em 1965. Alguém estaria interessado nos 4 alentados volumes de E tranqüilo corre o Don — numa edição de 64, em estado de novo? Internacional é a perfeita e utópica representatividade: onde manda quem pode, obedece quem tem juízo e os demais se fingem de desentendidos. Segundo a época, fortemente ligada a famílias lingüísticas. Não creio, porém, que ainda existam incautos na matéria. Portanto, deixarei tão-somente registrada uma leve sugestão de que o livro escrito — grande novidade, todos o são, repetiria neste ponto —, o teria sido nalguma exótica língua malaia. Dizer que se escrevera nalguma exótica língua neolatina, isto sim seria uma novidade e tanto.

Escrito em língua ínvia — ou seja, intransitável, em que não há caminho, pelo menos de saída —, o livro foi traduzido. Por que o foi? Seria uma hipótese plausível haver contado com certa fortuna crítica, não tanto no sentido clássico da expressão, de boa receptividade pela crítica literária, mas no atual: o autor ganhou com ele um bom dinheiro, resolvendo destarte sua crise financeira. O livro trataria de algum escândalo famoso, de tema esotérico ou seria de auto-ajuda, e vendeu. Um pequeno editor francês, estando igualmente em crise, ouviu falar disso por um amigo, e lançou dados à fortuna, como antigamente se diria. Não podendo pagar um tradutor, fez ele mesmo o serviço, munido de rudimentos de espanhol e de um bom dicionário de... javanês. A essa altura, descrever-se-iam os tropeços da tradução, naturalmente pouco fiel, para não dizer adúltera, promíscua, prostituída etc. Numa palavra, inventada. Afinal, era só para sair de um aperto e não para concorrer ao Goncourt.

E também vendeu. Não muito, mas vendeu. O bastante para pagar uma passagem (de trem) à feira de Frankfurt. Lá, encontrou um velho amigo inglês... Os detalhes da negociação são desnecessários, no momento. Acrescentarei na versão final. Fato é que o francês intermediou a negociação, tendo agora como voltar a Paris de avião. A edição inglesa da Arctic-penguin foi bem cuidada. Capa dura. Ilustrações. Inglês primoroso. Confiaram-na a um escritor de histórias fantásticas, criativo, mas momentaneamente desocupado. Naturalmente, ele a traduziu do francês.

Juntando francês e inglês, certa USW.Verlag... Digamos, para encurtar, que a Câmara do Livro de Helsinki premiou uma versão úgrica, depois de o sucesso de vendas na Alemanha haver estimulado a segunda tiragem da tradução francesa, de apresentação bastante caprichada, pelo mesmo selo editorial, a já agora bem conhecida Éd. Après-Coup. Ao cabo de um ano, um modesto prêmio literário na Inglaterra, onde, na dúvida sobre a qualidade da obra, se optou pelo meio-termo conservador, nem destacar, nem ignorar. O sucesso de vendas na França foi arrasador a partir de então. Mas não podiam premiar o livro, sem dar o braço a torcer.

A INFÂNCIA DE ADÃO e outras ficções freudianas 67

O arranjo era mais que evidente. O editor francês, insinuou-se, publicaria outro livro do celebrado autor, para que se pudesse reconhecê-lo devidamente. O primeiro teria sido uma grata promessa, o segundo, mais maduro, o cumprimento do prometido. Mãos à obra. Contata-se o autor, descobre-se que, impulsionado pelas traduções internacionais e pelos prêmios, já escrevera mais cinco obras, no espaço de um ano. Só que agora a tradução do livro por ele escolhido deverá render-lhe algum, que de fama não se vive nem de rúpias javanesas. Mas de moeda forte: dólar se possível, ou euro (segundo a família lingüística, pronuncia-se ürrô, óirro etc., ou até euro, tal como se escreve, mas só em Portugal). Tendo-se resignado a pagar até mesmo direitos autorais(!), e com premiação garantida, que custava oferecer um bico de tradutor a certo pós-graduando em letras? Este, estrangeiro de Java, por uns trocados o traduz do idioma original, e já pode comprar um sobretudo decente para enfrentar o inverno parisiense que se aproxima. A tradução é entregue, o editor francês a lê e coça a cabeça meio calva...

De sua viagem à Inglaterra e da conversa a três — ele, o editor inglês e o escritor de histórias fantásticas — pouco se conhece etc. etc. (Este é um recurso mais ou menos trivial para aguçar a curiosidade, preparar o desfecho e poupar-se do trabalho de descrever o que, de qualquer modo, todos já adivinharam por conta própria. Ademais, o leitor fica lisonjeado com a confiança nele depositada.) As edições inglesa e francesa aparecem simultaneamente. Esgotam-se simultaneamente. Os prêmios literários são outorgados; primeiro, porém, pelos franceses, para salvar a honra. Depois de um intervalo decente, digamos de seis meses, os alemães dão-se o direito de o premiar também. De novo etc. etc. para a fortuna crítica.

No país de origem, o livro transforma-se em best-seller. O laureado autor faz uma turnê de palestras — houve tempo para aprender inglês básico, e o francês já arranhava. Nada de bizarro sucede, ele é monitorado de perto por seus editores, marcação homem a homem.

Passemos ao desfecho inesperado que — na receita de Guy de Maupassant — deveria resolver a tensão do começo, onde se narra o ponto de virada de uma vida. Duvido que ele tenha dito mesmo inesperado, o que seria um bocadinho vulgar para tão grande escritor. Na realidade, a célebre resposta de Maupassant é que tem um desfecho inesperado, já que, depois de haver mencionado o óbvio, começo e fim, perguntam-lhe pelo meio. Para o meio, teria respondido esse mestre incontestável do conto, já é preciso um escritor. Mas isso não tem jeito, aqui. Antes do desfecho, todavia, e na falta de um escritor que saiba dar densidade psicológica às personagens, convém interpor algo, um relato marginal, umas referências indiretas, qualquer coisa que produza o tradicional efeito de retardamento da ação. Vejamos. O título Fortuna Imperatrix Mundi foi inspirado nas *Carmina Burana*, de Orff. Seria aceitável, por exemplo — já que se trata aqui de uma ficção escrita, para a qual seria demasiado exigir fundo musical —, fazer com que o autor do livro assistisse a um recital, ou pelo menos que escutasse a peça no rádio do carro, a caminho da cerimônia de premiação. Ele poderia refletir, em consonância à letra da música, sobre as vantagens de seu método de escrita, poderoso amuleto capaz de atrair os favores da deusa fortuna. O lamento do pescoço recheado de cisne não caberia, evidentemente, *fortune plango vulnera* (choro as feridas da sorte), ridículo. Todavia, *ego sum abbas* (sou o abade) cai como uma luva. Talvez trauteasse, esperançoso na noite que se seguirá ao prêmio, *si puer cum puellula* (se o rapaz com a mocinha)...

Ou então, poderia fazê-lo visitar alguma exposição dedicada ao tema da sorte e do destino. A escultura da Fortuna com a Cornucópia, do Museu Vaticano, seria muito óbvia. Todavia, instalou-se certa feita, no Palácio Ducal de Milão, uma mostra chamada *Imagini e simboli della vita e della morte*. A roda da fortuna havia de inspirar-lhe gratidão e cautela. Gratidão, por não haver seguido os loucos conselhos do antigo professor de literatura, cautela, de não se deixar arrastar pela hybris, o descomedimento que precede a queda do herói, e de entusiasmo mudar a receita, pois em time que está ganhando...

A apresentação da mostra é assinada por certa Giovanna Mori — nome extraordinariamente sugestivo para um *memento mori* como este texto e como a tal exposição. Suas palavras iniciais caberiam também como epígrafe para o conto: "*Afferma Goethe che la verità non si lascia cogliere mai in maniera diretta, ma soltanto di riflesso, per via di esempi e simboli.*" (Afirma Goethe que a verdade jamais se deixa capturar de

A INFÂNCIA DE ADÃO E OUTRAS FICÇÕES FREUDIANAS

maneira direta, mas só como reflexo, por meio de exemplos e símbolos.) Goethe em italiano tem certo charme. Insinua que o autor que inventou o autor (como é mesmo?) é um pouco melhor que este, pois entende também o italiano.

No caso da exposição, o sentido da frase de Goethe é óbvio, uma vez que as Rappresentationi da Coleção Bertarelli são parábolas sobre a fragilidade da vida, sobre a vaidade dos poderosos, impotentes contra a morte que a todos iguala etc. Como epígrafe desta ficção, indicaria seu caráter de exemplo da fama literária e das ilusões que cercam o papel do mérito real nos prêmios e nas vendas. O que, por outro lado, poderia ser interpretado como puro despeito do autor contra o autor inventado, por saber o primeiro de antemão que jamais alcançará sucesso ou prêmios. Convém não esquecer as sábias palavras de Freund: "a maldade humana desconhece limites". Melhor não pôr epígrafe alguma. É pena, porque esta cumpriria também outra função. Sugere a citação que a realidade se inventa a partir de ingredientes bastante absurdos ou assustadores — como o esqueleto escondido no corpo, os ossos do absurdo recobertos da carne da aparência. Por isso, a verdade não se deixa "cogliere mai in maniera diretta, ma soltanto di riflesso". Este conto seria um *riflesso* ao espelho, mostrando como em geral se inventa a realidade, que depois é consagrada na história oficial. Ou até melhor — mas Goethe não poderia usar tal metáfora —, um raio X do esqueleto subjetivo contemporâneo: quem executa nossas obras?

Enfim, o desenlace esperado.

Certa editora nanica de Batávia (Como se chama mesmo a capital de Java? Melhor consultar Lima Barreto.), estando como todas em crise financeira, arranja uma cópia em inglês e a traduz de qualquer jeito. Publica inescrupulosamente, sem menção de fonte, sem o nome do autor compatriota. Muda o título. Inventa um autor. Publica, e espera o processo. De qualquer forma, não terá como pagar a multa, nem com o arresto da escrivaninha e do telefone já cortado. Junta o editor algum dinheiro, paga as contas domésticas mais urgentes, e espera o processo. Só que o processo não vem. Por curiosidade, ele comete uma extravagância, e compra um exemplar do original, descobrindo a já antecipada realidade. O livro premiado, que acabou de piratear numa tradução bumerangue, nada tinha a ver com o best-seller patrício...

Agora sim, o esperado desenlace inesperado que, pela espera, é mais que merecido.

Surpreso, mas aliviado, estava a ler, nosso australiano pirata javanês, quando um elegante carro escuro pára à frente da casa. O chofer abre a porta e o autor famoso entra na salinha acanhada, tendo em mãos a edição bumerangue. O editor encolhe-se na cadeira, temendo não já o arresto, mas o murro. Porém, o literato chega tranqüilo e, não havendo outra cadeira, encarapita-se na própria escrivaninha. "Li o livro que o senhor publicou. Não conheço o autor, mas gostei do estilo. Faz meu gênero. Que tal um negócio? Compro o resto da edição, que a gente queima. Damos um dinheirinho ao autor. Sem exageros. Estão querendo outro livro meu na França. Mandamos este. Se fizer sucesso, você o republica com meu nome. Ninguém perde nada, certo?" E, notando sua obra nas mãos do editor, saca a caneta e completa com um sorriso amável: "Vejo que já é meu fã. Será um prazer dar-lhe um autógrafo."

Amaurosis scachistica

Duchamp, Marcel (1887 – 1968). Pintor francês, surrealista. "Artista que rompeu a fronteira entre obras de arte e objetos do quotidiano, tornando-se, por isso, conhecido como anti-artista." Este sóbrio juízo é emitido pela Enciclopédia Britânica. Fica nele patente uma contradição explícita: artista e anti-artista. Contradição mais aparente que real, pois só artistas são anti-artistas, como só os papas podem ser anti-papas. Quem não se interessa por arte ou, ainda se interessando, não a realiza, está fora do campo; já um pintor ruim, mesmo que apaixonado, é um mau artista e não um anti-artista — mas Duchamp foi um magnífico pintor. A E. B. classifica-o como anti-artista por haver sido um dos primeiros — mas sabemos nós, a esta altura do livro, não O Primeiro! — a romper uma fronteira vigiadíssima, protegida por casamatas e arame farpado, uma intransponível Linha Maginot (como se afirmava em seu tempo, antes que a história atropelasse a ingenuidade): o limite entre arte e vida.

A diferença entre Lukas e Marcel é que este fez colocar objetos mais ou menos comuns em sítios de arte — mais ou menos, seu

A INFÂNCIA DE ADÃO E OUTRAS FICÇÕES FREUDIANAS 71

Grande Vidro, que lhe custou uns dez anos de trabalho intermitente e ficou incompleto, nada tem de comum —, enquanto seu distante antepassado nas lides do pincel pretendia que um objeto artístico incontroverso, uma pintura, se tornasse tão perfeito a ponto de se confundir com a realidade representada. Para o primeiro, a arte virava mundo, desafiando a percepção; para o segundo, o mundo virava arte, desafiando o juízo estético. Uma visita ao MoMA, ou ao Museu de Arte Moderna e Contemporânea de Nice — visita que nenhum dos participantes do último Congresso Internacional de Psicanálise terá omitido — deixa claro por que há que ser bem guardada a fronteira: se um violino fatiado é uma escultura, em tese todos podemos ser escultores; se uma tela com manchas azuis é um nu, não pela forma das manchas, mas pelo tipo de pincel utilizado — Arman usou modelos nuas e banhadas em tinta para pintar —, poderão ser pintores pelo menos os mais felizes. E a que patamares ignóbeis despencará o valor de mercado? Mas há coisa pior. Se fica confundida arte e vida, por invasões em mão dupla, como confiar que estou vendo uma obra de arte? Só pelo fato de estar pendurada? E, muitíssimo pior, como saber que estou diante de uma realidade, só por não estar pendurada?

No entanto, infinitamente pior, desmedidamente mais grave — socorram-nos os advérbios — é o que se segue. Pois, não sendo a vida uma coleção de objetos materiais, que no máximo nos deixariam em dúvida sobre serem ou não artísticos, a fronteira entre vida e arte, uma vez violada, poderá levar da mera desconfiança à completa indecidibilidade. À mais maligna suspeita sobre a existência humana. The Oxford Companion to Chess registra também uma referência a Duchamp, M., não por acaso logo acima de Dufresne — que para um analista o acaso não existe. Por que registraria um "renomado pintor", como o chama, o compêndio de xadrez? É forçoso inventar a realidade. Ele pode ter pintado um quadro sobre jogadores de xadrez. Ou, até melhor, criado um novo modelo de peças, distinto do padrão Staunton, que todos usam. Ou mesmo feito pendurar um tabuleiro de xadrez, com posição montada, a título de obra de arte. Ou de anti-obra de arte, vai se saber. Claro, nesse caso, as peças teriam de estar coladas para não caírem do tabuleiro, que já não serviria para jogar. Mas não é este um dos postos de fronteira entre a vida e a arte, a impossibilidade de usar o objeto artístico para seus fins originais? Assim, teremos alcançado uma distinção vital: o ato de pendurar, ou, generalizando, de declarar artístico, é de competência do crítico — do perito, do colecionador, do marchand, do curador de um museu etc. —, mas colar as peças, ou destacar de outra forma certo objeto da banalidade quotidiana, eis o verdadeiro gesto do artista.

Ora, quando se colam as peças de uma vida, escrevendo aquilo que se conhece como biografia, ainda que biografia falsa e fantástica, cria-se algo que só muito a custo é possível decidir se é realidade ou representação artística. Violadas as fronteiras, a obra de arte pode muito bem ser composta com os materiais da vida. Que restaria a pendurar no museu então? A vida não é feita de objetos, mas da conversão do tempo em atos, sentimentos, idéias, encontros, incidentes, desastres. Os astros podem presidir harmoniosamente o curso de uma vida, mas o fim é sempre desastrado — poderia ter dito Camões.

Para que esta história faça sentido, digamos que Duchamp, além de artista múltiplo, fosse também apaixonado pelo xadrez. Ele poderia ter sido um forte amador, poderia até haver representado a França em três ou quatro Olimpíadas, ou, com seu temperamento artístico, devotar sua atenção aos aspectos artísticos do jogo, aos problemas de xadrez. Certos temas do xadrez confrontam com a arte. Os problemas de mate direto em tantos lances. Os de mate ajudado, em que pretas e brancas, inimigas natas, põem de parte seu milenar ódio racial e conspiram para esmagar o rei preto — promissora metáfora das relações políticas e intelectuais entre países desenvolvidos e emergentes, que é melhor não levar adiante, senão seríamos levados aos problemas de dominação e a uma extensa digressão político-enxadrística que, nesta história, não vem ao caso. Existem os diferentes paradoxos da impossibilidade aparente, do tipo jogam as brancas e ganham, quando tudo parece levar ao empate por falta de material. E não esqueçamos a rigorosa geometria dos finais de rei e peões. O rei que consegue o que se chama de oposição tem vantagem, pois o outro tem que se mover. Para alcançar a oposição decisiva, deve ocupar uma casa crítica, a partir do trânsito engenhoso por suas vizinhas, as casas conjugadas. Ciência e arte, misturadas numa sábia proporção, que poderiam fascinar o talento exato do surrealista Duchamp. Ele haveria de ter publicado um estudo sobre o assunto: *L'Opposition et les cases conjugués sont réconciliées*, título de tom surrealista,

A INFÂNCIA DE ADÃO E OUTRAS FICÇÕES FREUDIANAS

sugerindo certa relação humana, amigável, familiar, entre objetos que, para o leitor comum, parecem um tanto abstratos ou francamente esotéricos. Cônjuges, oposição, reconciliação. Sim, Marcel Duchamp teria sido um enxadrista e um problemista, para fins de realidade. Distraído do xadrez pela arte e da arte pelo xadrez, freqüentava o círculo dadaísta, com Picabia, colaborava nas exposições dos surrealistas, com Man Ray, mas sempre carregando um tabuleiro no cérebro, onde as peças executavam sua geométrica coreografia. Até que casou. Três meses depois estava divorciado, o testemunho é de Man Ray.

Durante a lua-de-mel, esteve o tempo todo embebido num problema de xadrez recém-aparecido numa revista especializada. Já havia pensado do jeito certo, determinando o tema e eliminando as falsas soluções. Só que estas eram todas. Já havia usado o método primitivo de eliminação, desonra impensável para um artista, mas por essa via eliminara também todos os lances legais. Não comia, mal dormia, muito menos com a esposa. A situação era explosiva, mas ele não se dava conta. Só pensava no problema.

Ao cabo de uma semana, o desespero de Mme. Duchamp levou-a ao gesto extremo. Levantou-se sorrateiramente durante a noite, assegurando-se de que Marcel ressonava em seu sono agitado. Sonharia talvez com a dama impotente que, mesmo se retirando com elegância a oito torre, ainda assim não induzia o mate? Desceu as escadas a medo, decidida a perpetrar o bárbaro atentado. Trazia a cola no bolso do peignoir e foi tomando as peças, uma a uma, colando-as ao tabuleiro. Quando estava por completar o crime hediondo, um ruído no andar de cima. O último peão preto estava numa mão, a cola na outra, a boca na botija. Correu, jogou tudo no lixo e esgueirou-se de volta ao leito, onde o marido ainda dormia, havendo apenas derrubado a revista de xadrez do criado-mudo.

Na manhã seguinte, Duchamp recusa o café com croissant e aproxima-se estremunhado do tabuleiro. Ao tocar a dama, para testá-la pela centésima vez na casa oito da torre, o grito de espanto e horror, a descoberta da ultrajante traição. Não houve violência, somente acusações verbais. Ele saiu de casa. Em três meses, estavam divorciados.

A expressão *"amaurosis scachistica"* é do Dr. Tarrasch. Os psicanalistas costumam falar em ponto cego, designando com isso a impossibilidade de se enxergar um problema do paciente que o analista tem também. Ponto cego, em oftalmologia, é um fenômeno normal, fisiológico: o ponto de implantação do nervo óptico na retina não é sensível à luz. Ou seja, aquilo que é a condição para que se veja, o nervo que transmite a impressão visual ao cérebro, é o próprio impedimento à visão. Conceito a um tempo poético e justo, de justiça poética, que se aplica a certas situações analíticas. Noutras, é mais apropriado falar em amaurose. A amaurose já é patológica, uma cegueira sem lesão constatável. Em seu livro *Die moderne Schachpartie*, Tarrasch chama de amaurosis scachistica às imprevisíveis distrações a que sucumbem até os mais sólidos jogadores. O Dr. Tarrasch não era psicanalista, com certeza. Era um médico orgulhoso e bem-sucedido, que desdenhava participar da disputa dos longos matches de vinte e quatro partidas, válidos pelo campeonato mundial, para não prejudicar sua clínica em Breslau, mas que sistematicamente vencia os torneios magistrais da virada do século XIX. Quando se dispôs enfim, escolheu mal a ocasião, ou melhor, o adversário: contra Lasker, não teve a menor chance. Tarrasch era sumamente dogmático e sarcástico, já se vê. Classificava a doença em amaurosis scachistica chronica communis, a de todos nós mortais, os deserdados da deusa Caissa, e amaurosis scachistica acutissima, caso talvez do infeliz Chigorin, quem, na 23a partida pelo título mundial contra Steinitz, jogou aquele estouvado bispo a quatro cavalo, levando um mate em dois de principiante, e disse adeus ao título. Por fim, a amaurosis scachistica totalis duplex benigna ridicula de que, no momento, nem é bom falar. Trata-se de doença contagiosa, como todos sabem.

Que se teria passado com Duchamp? O problema hipnotizava-o. Obcecado por uma solução tática, deixou de enxergar o contexto posicional, erro assaz vulgar no xadrez, como na vida. Ele e a mulher estavam em casas conjugadas, na cama de casal. Entre ambos, a oposição foi crescendo, mas ele não percebia. Depois de uma semana de movimentos precisos, mas inconscientes, ele ocupou a casa crítica. Agora era a vez de a mulher jogar e ela estava em Zugzwang, condição em que aquele que tem o lance — obrigação de jogar, isto significa a expressão alemã — fatalmente perde, jogue lá o que for. Mas Mme. Duchamp encontrou uma resposta imprevista, de problema-fantasia. Colou as peças ao tabuleiro, devolvendo o Zug! E ele teve que se mover de casa, perdeu a dama e abandonou o casamento. Cônjuges em oposição. *Opposés, conjugués, mais irréconciliables.*

A INFÂNCIA DE ADÃO E OUTRAS FICÇÕES FREUDIANAS

Em 1968, falece Marcel Duchamp, em Neuilly. Entre seus pertences, encontra-se o fatídico tabuleiro, relegado a um canto do estúdio. Ele passa de mãos em mãos. Certo marchand o negocia como sendo uma das colagens do artista. Perde-se por uns anos. Reaparece num leilão da S. de L., onde alcança alto preço, sob o título enigmático de *Problema a resolver n° 2*. Quem assim o batizou não estava pensando em problemas de xadrez, imagino, mas no problemático sentido de tal obra de arte. Por que n° 2, se nunca foi encontrado o n° 1? Sabe-se lá. Parecia soar bem, artisticamente falando. Seu *Nu descendo uma escada n° 2* não havia causado tamanha comoção, há mais de 50 anos? No fim dos anos 70, a colagem foi exposta numa mostra do Museu de Arte Moderna da Cidade de A. O curador pendurou-o pessoalmente. Em diagonal, a casa oito torre do rei para cima.

De passagem por A., certo mestre internacional de xadrez, brasileiro de origem européia e admirador de Marcel Duchamp, vê a colagem pendurada e compra um postal que a reproduz. Ele conhece a vergonhosa história — veiculada por Man Ray, de quem não se pode duvidar que soubesse, mas que pode ser suspeito de fabulação dadaísta, mesmo (ou sobretudo) depois de seu *Retour à la raison*. E desconfia da verdade. Voltando a São Paulo, debruça-se sobre o problema. E o resolve!

Nesse tempo, costumávamos encontrar-nos regularmente, para tomar um copo de vinho, para discutir xadrez. Em especial, para estudar o abstracionismo geométrico das casas conjugadas. Tais estudos tinham um pouco de cabalísticos. Nunca me ajudaram a ganhar uma partida, mas é verdade que eu não passava de jogador medíocre, mesmo naquela época, poucos anos antes de abandonar os torneios. Meu amigo, porém, dedicava-se a fundo à questão e acredito que escreveu também um livro a respeito. E adorava problemas, era um perito. Mesmo assim, ponderou, não podia crer que em duas horas houvesse resolvido um problema que custara ao artista uma semana e o casamento. Foi quando levantou a hipótese de que a posição se tivesse alterado de algum modo. Custou-lhe mais de um ano descobrir a tal revista. Mas lá estava! Havia um intrometido peão a mais na complicada posição, o peão que, junto com a cola fora parar no lixo. Erro de impressão. Man Ray não mentira, mas tampouco se dera ao trabalho de aprofundar as causas, abismado com as trágicas conseqüências. A partir desse dado, foi possível reconstruir a história.

Como avaliar o acontecido? Não fora o erro de impressão, o casamento teria durado e Duchamp, menos desiludido com a vida, talvez não se tivesse aposentado das tintas tão cedo: o conjunto de suas obras poderia ser maior. Por outro lado, uma delas nunca chegaria a existir. Qual, porém, o artista que a criou? Segundo nossa definição, Mme. Duchamp, pois artista é quem cola, não quem pendura ou quem empresta o nome sem saber. Duchamp não identificou o equívoco, porque estava obcecado. Mme. Duchamp não identificou o nascimento da obra, porque estava enfurecida. Um não vê, o outro deixa passar. Diagnóstico: amaurosis scachistica totalis duplex benigna ridicula. Ou também: fim desastrado. Como todos os fins.

Uma posição de problema equivocada, o equívoco de querer resolvê-la na pior hora, uma practical joke equívoca ao extremo, um marchand de equívocas intenções, um equivocado museólogo, o projeto surrealista de denunciar os equívocos da realidade quotidiana. Tudo somado, resultam possibilidades fantásticas. Seriam todos esses equívocos peças de um surrealista problema de xadrez artístico? Nesta hipótese, qual o peão a mais? E o autor? Man Ray, que a testemunhou, meu amigo, que a decifrou, eu, que juntei os pedaços? Já ouviram falar de inconsciente recíproco? Quando os ingredientes humanos são postos em contato, reagem quimicamente e deles nasce uma lógica inconsciente, que não é de um, nem do outro, nem de todos, é de si mesma. É ela o sujeito que preside a ação, interferindo minimamente, arrumando a seqüência com irônica harmonia, mas, metendo um peãozinho a mais ou um ato falho, para desencadear o desastre. Por ser tão desastrado o inconsciente recíproco, na Teoria dos Campos chamamo-lo também de destino.

E, quanto à realidade? Para o psicanalista, fantasia é realidade. Ou, como proclamou sabiamente o mestre Ariano Suassuna, na Abertura do Congresso de Recife: você quer uma história ou quer saber a verdade? Talvez esse amigo não exista, talvez eu não saiba distinguir um bispo de um cavalo, no tabuleiro ou fora dele, talvez Duchamp nunca houvesse jogado xadrez. Porém, o certo é que, quando se viola certa fronteira, o material da vida, que é tempo condensado em atos, pode ser colado e pendurado, e quem garante que não seja arte. Arte ruim, mas arte. Uma concessão ao princípio da realidade: o título do primeiro destes três esboços inconclusivos, "O xadrez é um esporte violento", é de autoria de Marcel Duchamp.

A Infância de Adão

> *Aquilo que há por não ser:*
> *a infância de Adão, o inconsciente.*

No Zôo

Lembro-me. Quero crer. Brincadeiras. Seríamos quatro ou cinco amigos inseparáveis, correndo por toda parte e um dia... Suponho. Meninos, meninas? Como estar seguro, tanto tempo... Faz, tanto faz... Nomes? Um minuto. Questão capciosa. Se me lembro dos nomes. Seio sexo. A mulher não havia, então? Vírgula, singular! Somente ilusão edipiana retrospectiva...

O senhor Duvidoso. Desafia-me a nomear estes animais? Rejoicing, bouvardante, ao centro do leonado, a fênix inox há pouco shleeps... Cansada de pular a Freudenfeuer de Ághios Johannes, adormece na cadeira. Sóistix de inferno. O riacho do Leviatã murmura entre os fetos, onde pasce o Tiranossauro lex. Hobby: plagiato citatório adâmico. E o diacho de Beemoth, em meio ao remoinho, para lá o via real, o vasto paquidorme. Eliphas, hierofante trombeteiro, macho achado, a devida criatura que a si devora. Enquanto dorme o cordeiro entre os leões, em loevdom. Memória em perfeita ordem edipiana. Não falto em nomes, confira as placas. Que espanto, se fui eu quem as pôs...

A questão é que quase nunca tenho certeza e, quando a tenho, faltam pormenores relevantes. Por exemplo: é lógico que minha mãe havia de nos servir o lanche da tarde, quando brincávamos no jardim, quase posso ver a mesa posta às quatro, a geléia e os pãezinhos em cima de uma toalha quadriculada, o vento levantando os guardanapos de papel. Entretanto, o rosto de minha mãe, este não enxergo. Nem o nome. Ridículo. Sem nome da mãe viver. Como pode? Irrita a idéia sua: do que melhor se lembra, menos foi. Comigo não, só se consigo. O couro duro da análise cobre a ferida amnésica. Feitos somos os dois segundo imagens discrepantes. O senhor, que não esquece nem lembra. Aqui, agora e para sempre? Horror viver assim. No acontecer. Pelos segundos dos segundos, no presente. Faz e acontece. Pensa e feito. Descrê da memória, o senhor. O imemorial. Não sei onde encontra tempo para me escutar. Decerto, tem tempo à vontade. Céus e terra já estão feitos a gostinho seu. Pergunta o santo: que fazia de seu tempo, antes de criar o tempo? Sem perda de. Só delícias em lugar de. Desassombrado, no jardim do universo. Eu sou-te. Disse-o em pessoa: Faça-se!

Branco de lírio, azul de céu aberto, por lá cansados, ali sentamos, debaixo da árvore? Me deito um pouco. A grama é macia, por que não se deita também? Nunca relaxa? Só uma vez por semana? Dorme, e é isso o mundo? Guardadas sempre a proporção e a compostura. Dá importância demasiada à palavra dada. De palavras, basto e sobro. Apenas, rodopiam como aves.

Seu argumento é interessante, inconsistentemente fantástico, embora. Creio que absurdo. Vamos supor, por hipótese, que tenha razão. Um problema e tanto. Se cada dito converte-se em coisa, imprudente falar à toa. Com efeito, com forte efeito transferencial... Imagine-se, hipoteticamente sempre, nomear um bicho inexistente. Cabeça de leão, corpo de cabra, cauda de dragão etc. Quimera o chamaria? Belo nome. Eu, titular em língua de Ur, adâmico Schreiber, não saberia inventá-lo melhor, assim às pressas. Raios divinos!

Chamou-o, veio, dito e fato. Por hipóstase? Quem me dera... E agora? Ou a metemos numa jaula, e é o escândalo, ou há que a descriar. Sem cabimento é deixá-la vagando pelo zôo, intrigando os animais. Os naturais, digo, não os preternaturais, do sexo dos anjos. Onde a

A INFÂNCIA DE ADÃO e outras ficções freudianas 79

pôr? Mais simples, enfiá-la em meus sonhos, devaneios e atos falhos, minha máxima culpa projetiva, fantasia concupiscente primária: Interpretações Canônicas de Livro. Caso contrário, para tal gênero de deslizes, só mesmo o dicionário. Não a trancafiamos numa jaula, mas num verbete.

Não brinco, associo-me. No equivórcio das palavras em precessão. Eis a única interpretação não-contraditória de seu inerente paradoxo, meu inequívoco senhor! Se não pode pensar sem que aconteça, a quem pedir desculpas? A ninguém. Ou culpe-o de seu equívoco. Ninguém me chamo também eu. Gago, o senhor, por exemplo, tudo sairia em duplicata. Um Big e dois Bangs... Dois universos. Dois tempos. Dois eus. Alguém, em sua peculiar posição, deve considerar-se escravo de si. Constantemente ter razão, por maiores tolices que... Com o devido respeito! O criador e o mal criado... Quanto a mim, memória falha, consciência equívoca, alguma liberdade residual. Um alívio. Em sua peculiar posição: único carcereiro, único prisioneiro. Da enorme cadeia de causalidade sobredeterminada. Infinita pena. Universal e em expansão. No Calab ouço preparar-se uma sopa de elétrons — soprou, provou, e viu que era bom, Yau! Daí pra frente, tocando o bonde, desenrolando dimensões para tricotar o espaço-tempo. Dez, doze? O resto, evolução.

Entremos na casa dos macacos, se lhe praz. Chimpanzé, gorila, orangotango, babuíno. Mais de qual? Gosto dos micos, mais bicho, não são nós, como a gente. Os chimpanzés, impressão de pensar. Não obstante, sem a menor concentração, distraem-se por um amém. Dó, sim... Coça-lhes a superfície da memória, eles se coçam e recaem no presente, escorregam pra fora de si. Iguaizinhos, com respeito a Si devido. Lá, gorila, fúria falsa, remitente, tonitruões, como... Nem ouso dizer. Orangotango? Filósofo ventral, pensassentado, ensimesmado, encima niente. Babuíno, babo suíno... Devido, devido! Não escapo de Falar. Mínima culpa. Se ao menos me salvasse das salvas de palavras, poderia lembrar de quem fui e de quem. Sou.

Falar de mim, no aqui agora? Sei não. Agora, aqui, só enjaulado. Sou outro de mim. Ser mente sobre estar, isto precisamente. O senhor, como eles: cada qual é o mesmo, e não tem jeito. Lembranças são-me agora.

Noite de tempestade, lembro-me, e o mundo acaba. Ou começa? Concedo que poderia estar começando tarde, antes que nunca. Dá no mesmo sonho indecidível. Grandes traumas. Teria quatro anos, época propícia a eles. Veio minha mãe, carregou-me para o Seu quarto, na Sua cama, colado ao Seu corpo. Cantou-me para ninar. Meu pai, lá? Não lembro, é tempo perdido. Das sombras, sim, das sombras dançando na parede. Brutas, destamanho, comunais! Prostintuição universal! Lógico, trata-se de um sonho, ou não. Mas a bengala está no canto e Sócrates é mortal. Que vos diga, em verdade? Entrevendo e dormindo. Quem traça a tangente entre o círculo dos sonhos e o cerco das coisas? Havia história nas sombras, um mar estoira em praia vazia, a ocidente da cama materna. Vulcão jorra e lava, ensopo et mundábor. Mundo arbóreo. Só um bosque de animais. Os primeiros. Edipossauro tirânico, Basiliossauro narcísico. E outras imagos animistas fundamentais. Desanimais? Naturalmente. Céu revirando mais lento. Ando entre bichos. Nomeando este e aquele, inómine. Homo sapiens sapiens: domine! Ao centro, a árvore, a esvoaçante pretergente, transparentes meus.

Serpente? Não, cobra alguma se bem me lembra. Ah, aquele enrolador na cornífera? Arre, que tipo! Ser pentacular, pentagônico, falante, coleante, sutílimo, muito bem parecido. Mas não, em absoluto! Reparando bem, a sua cara, quem diria, mas sem tirar nem pôr. Devido respeito! Devido! Devido! Retiro tudo o que disse e aconteço. Imaginação, decerto. Sonho mnêmico. Como diz o senhor: sonhos não têm o menor sentido, atividade desorganizada do sistema nervoso central. Bem central e bem nervoso, seu sistema aliás... Devido! Perfeitamente convencional, ademais, meu sonho. Preciso é levar em conta que tinha só quatro anos, experiência nenhuma como sonhador. Hoje faria coisa melhor, disfarçando os restos noturnos.

Soa a trombeta e responde o címbalo falho. Nossa hora acabou? Final sem juízo. E lá vou. Da terra vieste, para a terra hás de voltar, como sempre diz. Falsa atribuição? Possível, porém soa ao seu estilo. O portão do zôo. Obrigado pela sessão. Impagável. Muito criativa. Admito não ser fácil modificar suas idéias transferenciais per absurdum. Quis ut Deus? Q&D: Eus. Quando volto ao passado, já não sou mais eu quem lá está. E o senhor, sempre voltando a si e à compulsiva idéia de que é meu pai...

Em Obras

Vindos do Oriente, encontraram-se os homens numa planície, nas terras de Senaar. Lá, decidiram edificar com tijolos e betume, em vez de pedra e cal. Decisão de suma importância, pois testemunha nova relação com o tempo. A pedra é para sempre, como os céus, mas o tijolo tem vocação terrena, reabsorção, e à terra voltarão. Com efeito, construindo com tijolos, estavam fundando a obsolescência programada. O que, no caso, poderia ter dois sentidos. O primeiro é que pretendiam construir uma torre que chegasse até os céus. E os céus, como se sabe, são o exemplo natural da obsolescência programada. Quanto dura a fé? Que é a eternidade, senão o paradigma da entropia? O segundo motivo para construírem com tijolos é que talvez não houvessem projetado a torre a sério: tratar-se-ia de uma metáfora da condição humana, a infinita ambição, a precariedade dos meios. Teriam projetado um símbolo, nesse caso, um símbolo eterno de sua própria transitoriedade, um símbolo infinito de sua pequenez.

Puseram mãos à obra. Segundo uma das versões, o trabalho foi realizado muito lentamente, com o fito expresso de não se completar numa geração nem em cem. A idéia de ter no meio da planície uma torre alta como o firmamento afigurou-se francamente estúpida aos construtores: que fariam com ela, quem se atreveria a subir e para quê? Significativa era a construção, não o edifício. Decidiram, portanto, esmerar-se no canteiro de obras. Por outra parte, era forçoso. Os trabalhadores, aos milhares de milhares, precisavam de casas; construíram uma cidade para os abrigar. Os alicerces logo se mostraram insuficientes: foi necessário inventar primeiro as matemáticas, logo a física, a engenharia de solo, criar uma universidade que formasse especialistas em cálculo de fundações. Na verdade, tiveram de desenvolver muitas outras ciências de apoio. As mais importantes, é óbvio, foram as próprias ciências humanas, sociologia e psicologia. Do contrário, como poderiam organizar racionalmente a presença simultânea da imensa multidão de funcionários e familiares, direta ou indiretamente envolvidos na construção? Administração e direito. Imagine-se a burocracia. E a quantidade de causas trabalhistas.

Àquela altura, todavia, ocorreu-lhes uma idéia tremenda, assustadora. Imaginaram que houvessem sido criados por um Ser Supremo. Se assim fosse, seu projeto de construir uma torre até os céus não passaria de extemporâneo desejo de regresso ao seio do Criador ou de o imitar e rivalizar. Ademais, como aventou um professor de teologia, por sua natureza, o Criador teria o dom de ver cada palavra sua transformar-se em coisa; os construtores temeram ser o veículo acidental de alguma palavra disparatada. Este papel os aturdiu. Afinal, interessava-lhes construir um símbolo humano e não cumprir um desígnio sobre-humano. E entraram em greve.

Foi então que a solução surgiu espontaneamente durante uma Assembléia Geral do movimento. À imagem do Criador, concluíram, somos escravos das palavras. Por mais que adiemos a construção, ela sempre acabará por se realizar, segundo nossas palavras. E a palavra já foi dada, como a retirar? O que precisamos, portanto, é de inúmeras línguas. Assim, quando um disser torre, outro ouvirá ponte, por exemplo. E, ainda melhor, quando muitos disserem torre, em línguas diversas, cada qual implicará pequenas diferenças de sentido. Uma torre é uma torre, decerto; contudo, segundo a língua, conotações ligeiramente diversas se irão imiscuindo no trabalho. Pode ser que torre, numa língua, signifique uma construção mais esguia e noutra, uma construção mais robusta. Um idioma talvez sugira que deve ser escalonada e de base quadrada, outro, redonda e de superfície lisa. Assim sendo, nossa torre será múltipla, equívoca, sempre diversa de si mesma, e não seremos escravos de nosso voto. Nada estará dito e feito. A palavra permanece, mas seu sentido sofre metamorfoses. Assim concluíram os grevistas, que eram todos os homens.

Criar idiomas, dicionários, tradutores, especialistas em literatura comparada etc. custou-lhes tempo considerável. Por outro lado, a cidade construída — a que chamaram Babel — tampouco era autônoma. Foi preciso cultivar os campos em derredor, depois desmatar regiões cada vez mais amplas, enviar expedições de caça e pesca a florestas e rios distantes, explorar minas, também distantes, em busca dos materiais indispensáveis à melhoria da vida urbana. Por elementar questão logística, diversos acampamentos periféricos, alguns muito apartados de Babel, foram convertendo-se noutras tantas cidades, algumas muito mais prósperas que a cida-

A INFÂNCIA DE ADÃO e outras ficções freudianas 83

de-mãe. Razões práticas fizeram com que os grupos enviados a lugares distintos fossem lingüisticamente homogêneos, o que derivou bem depressa na constituição de nações rivais. Surgiram leis e relações internacionais. Como resultado, aconteceu a civilização que hoje conhecemos. Muitas lendas, profecias e interpretações ardilosas se foram acumulando com o transcorrer dos séculos. Um profeta defendia que o projeto da torre se havia cumprido, apesar de tudo, mas que não passava de uma torre de papel; os livros escritos, por força da multiplicação das línguas, quando empilhados, poderiam com efeito chegar até os céus. Outra profecia, mais incisiva, garantia que os preparativos continuariam a ser cumpridos religiosamente, até que a cidade original fosse destruída por uma série rápida de golpes desferidos por um punho gigantesco. Rezava outra que o projeto da torre seria completamente esquecido, à medida que se desenvolviam os cuidados com a tecnologia indispensável para sua concretização e com a legião de trabalhadores que o deveria executar. Nesse caso, talvez a torre esteja sendo construída numa Senaar secreta e à maior velocidade possível, conquanto o prazo de entrega seja necessariamente infinito. Por último, há quem diga, reinterpretando antropologicamente o mito, que a torre já existe, sendo tão-somente a própria cultura humana, esta que os homens criaram no processo preparatório da edificação da torre de Babel, aspirando ao céu e recusando o céu.

É certo que a civilização pode ser concebida como subproduto de uma obra gigantesca que foi esquecida ou que se realiza de forma inaparente. É certo também que a cultura pode ter alguma relação com o Deus Criador. Mas qual? Como sintetizar o que ensinam teologia e antropologia, a ciência de Deus e a ciência dos homens?

Digamos que alguém, na posição de Deus, houvesse cometido um lapso involuntário ou ainda se divertido com um trocadilho. Um demiurgo inexperiente quem sabe. As conseqüências seriam definitivas. Reconhecendo embora a raridade de tais equívocos, é forçoso conceder que com o tempo e a solidão, com a monotonia do ser em si e só para si, a atenção ou a seriedade poderiam fraquejar, ainda que por um só instante. Num momento de passageira dúvida existencial, por exemplo, Deus poderia haver criado uma espécie que o mimetizasse, feita desastradamente à sua imagem e semelhança. Ou seja, uma espécie de criadores. Estes acreditariam haver criado a si próprios e criado Deus. Noutras palavras, teriam criado o conceito de Deus, conceito que implica, por sua vez, a real existência do Deus criador, prova ontológica proposta por um padre da Igreja, popularizada por um racionalista e refutada por outro. Ter-se-ia fechado a armadilha então. Cada vez que alguém dissesse "Deus criou o homem", estaria recriando o conceito de Criador. Cada vez que dissesse "Deus é uma criação humana", estaria demonstrando seu inequívoco parentesco com o Criador. No fundo, cada uma das sentenças antagônicas supõe a outra como seu fundamento lógico.

Ora, só se poderá falar com segurança de criação divina ou de civilização humana, quando esse paradoxo for resolvido. Por enquanto, estamos vivendo no interior de sua tensão, numa situação provisória e paradoxal. Estamos a meio caminho entre criação e cultura, entre Deus e o homem. A torre de Babel, por conseguinte, talvez não seja senão o marco erigido a esse estágio médio, juvenil, um monumento ao paradoxo da criação. Nessa condição, ela está por todas as partes de nosso indeciso mundo. Construí-la é tão absurdo quanto desistir da idéia. É um nome que não se transforma necessariamente em ser, mas que, na confusão das línguas e dos pensamentos, mora em cada uma das coisas que existem ou que podem ser imaginadas. Daí que seja matéria de plágio, por excelência. Como pode ter todas as formas e qualquer sentido, a casa do lado talvez faça parte dela, assim como o botão de minha camisa, a casa do botão, ou a primeira palavra proferida por uma criança.

No Zôo

Esta é a parte do zoológico que prefiro. Os pássaros. Descem nas árvores, mas só pousam pela metade. Estão aqui, logo não estão mais aqui. Estão e não estão. São e não são. Esvoaçantes, tão parentes meus. Não se pode dizer que não estejam presentes. Entretanto, não pesam só para baixo, pesam para cima também. Regulam o quanto estar em si, aqui e ali, agora e então. Funâmbulos categoriais. Piso o chão, escuto o senhor, vejo as árvores, os muros, as jaulas. Fenômenos imediatos. Mas

A INFÂNCIA DE ADÃO e outras ficções freudianas

também, flutuo no passado, meio aqui, meio acolá. Intuo-me no tempo, aquém da memória. Repugna à minha consciência que tudo não passe de imaginação hipotética. Sonho, talvez. Quem não se sabe, sonha-se. Vejamos. Nasci. Meus pais me desejaram, decerto. Primeiro, sombras, cores fortes, fragmentação objetal. Minha mãe: cheiro e gosto, aos poucos rosto. Querido, sorridente, convidativo. Meu pai, forte estatura, o Sem Perigo, o Garantido. Levanta-me, atira-me pra cima, duro na queda, e o mundo pula ao contrário! Viva, viva! Depois, uma ou outra doencinha. Sabe. Próprias da infância. Sarampo, catapora, saracura. Comunismo e inconsciente. Primeiras erráticas palavras. Das mais sábias e ex-citantes: o comunismo é a doença infantil do socialismo, assim como o inconsciente é a da psicanálise. — M&F, O Manifesto Latente (in Das unbw. Kapital, Himmel Verlag, s/d). Andei na hora certa, conquanto para o lugar errado, como sói acontecer. As mãos dos pais, ao alcance de um passo, recuam para me urgir a cambalear em claudicação intermitente até eles. Riem de prazer. Morro de medo nos rios de prazer. Queriam, porque queriam, e desejavam. Meu corpo, um caos como o mundo, os fluídos saindo por todos os lados. Aos poucos, fui separando os líquidos dos sólidos, se é que me entende. Fases a superar, benignas, por elas todos passam e todas passam por si: oral, anal, senil, inconsciente, furor sanandi, ópio do povo etc. E vimos todos que era bom. Evolucionário e revolucionário. Depois da queda, um tanto conservador, é claro. Isto ali, aquilo lá, sem erro ou omissão. Tal como o senhor, tudo obsessivo e metafísico.

Acho que falei cedo demais. Mas é tarde agora para retirar o que disse. Em vez de mamã, papá, dizia eu, naqueles tempos, em verdade, as seguintes paralaxes: para lá, boreal, para cá, austral, em cima, em baixo, à direita, à esquerda, vou ver se o livro leste ou o deste. Era preciso pôr ordem, um mundo a colocar nos eixos. Tarefa espinhosa, contudo ética ao extremo. Geometria emocional. Economia libidinal. Política institucional. Fora isto, criança normal. Tive alguns amiguinhos, como já frisei anteriormente, é de presumir que alguma amiguinha, não crê? Não compreendo sua pudica abjeção à heterossexualidade precoce. Por que não? Sou bem normal, até hoje. Creio. Bem, como saber ao certo? Defesa? Rodeado de bichos, admito. Mas vivia no campo, entende? Uma vez ou duas, pode ser, mas não me lembra semelhante episódio.

Havia, pois, todos os bichos deste zôo, onde me traz o senhor para que me deslembre da infantasia. Creio, em vago, lembrar-me que os passamos em revista: ordem unida, gênero e espécie, fileiras cerradas, bichos uni-vos, marxa esforçada, jornal e jornada, sicut servus, fontaine et aquário, nada a perder senão concorrentes, parole d'animal! Houve nomeações nobiliárquicas no reilonado, condenações nominais da serpe rasteira e classes ficarão especialmente generosas, phyliais. Todavia, aquilo buscado e precioso, o adjutorium feminino específico a meu caso, não se encontrou. Que parada, Ó Meu! Te-déum e homenagem à 3 personnes: eternônimos. Vivo pois incontinência. Resíduos da ecolalia infante ainda se intrometem regressivamente no meu discurso, no geral castiço, mas turvamente os vou dicionarizando. Abono-me. Nem vale interpretar.

Difícil crer que tenha nascido numa grota, ladeado por um hipopótamo e um crocodilo africano. Linda foto de família. Sei que o senhor não ma revelou, ocorreu-me simplesmente o cômico da situação. Nascido da mulher, a ela retornarás, ulterinamente. Ah! A lógica formal da primeira infância e a grandeza da linguagem precoce: beemoth e leviatã, hiporrio e croconilo. Dois, menos uma, igual a três. Aleluia!

Depois, tenho vivido como agora. Andando por aqui e por ali, como todo mundo, como Deus manda, esperando sem saber bem o quê. No fundo, acho que o senhor espera que lembre de que me não lembro. Isto até posso conceber, como hipótese paterna, embora não seja lá muito original. Pecado! Tudo na vida pode ser erro ou imaginação; suposição que, sem embargo, não nos leva a parte alguma. Ou topiaria divinal edênica. Palavras, palavras e nenhum sentido. Livre associação, se é o que quer. Mas será interminável o processo associativo na vara de família. Paternogênese, provação paterna. O teste deu nda. Livre, sem embargos, para descumprir o mandato da insegurança ontológica. Supremo acórdão edênico de preclusão antecipatória. Não seguirei criando idéias só por contrato fundamental. Habeas anima!

Dialética sua idéia de que me devo casar. Se nem conheço a noiva. Nisso concordamos por antítese: ela ainda não existe. Que o senhor a possa retirar do umbigo do sonho é problemático, redundante premissa de casamento. Ab osso criará? Submeter-me a uma hipocondria radical é o que, no fundo, propõe. Tálamo hipotético,

A INFÂNCIA DE ADÃO e outras ficções freudianas

nada mais que hipotalâmico. Não resta dúvida de que haja sonhado com ela. É a imagem mesma de minha mãe, como não poderia deixar de ser no presente estágio de desenvolvimento. Epoqué da mulher, e solteiro, eis por quê. Reduzindo a insciência, já chego à reconstrução paramnêmica do processo primário de indução. E outras construções babélicas em análise. De minha parte, só queria saber o nome. Não, o de minha mãe! Evasivo, o senhor... É inconsciente esquecer elemento tão central da própria existência! Para o senhor, dito e feito. Para mim, defeito. Meus sonhos, continuarei a lhe trazer por escrito. Até amanhã. Um seu criado. AD.

Escrituras

"Os homens temem o tempo, mas o tempo teme as pirâmides."
Provérbio árabe.

"Quando Israel saiu do Egito, a casa de Jacó do meio de um povo bárbaro... Os montes saltaram de alegria como carneiros, as colinas, como cordeiros."
Salmos, 113; 1,4.

"Salve, Oh tu, cuja face é por trás, que sais de teu lugar secreto: Eu nunca fui causa de lágrimas!"
Papiros de Ani, Confissão negativa, Lâmina XXXI, 12.

"Em meados do Século XVII, Athanasius Kircher, padre jesuíta, era provavelmente a mais notória autoridade na interpretação de hieróglifos egípcios. Foi-lhe encomendada a leitura dos signos que cobrem o obelisco elevado na Piazza della Minerva, atrás do Panteon, em Roma. O monumento, que até hoje lá está, foi erguido por ordens do papa Alexandre VII, a partir de um desenho de Bernini; trata-se de simpático elefantinho que carrega às costas um obelisco egípcio, do 6° século a. C. A interpretação que propôs o sábio para o conteúdo de um dos cartuchos de nomeação lá gravado foi a seguinte: 'A proteção de Osíris contra a violência de Typho deve ser buscada por meio de ritos apropriados e cerimônias sacrificiais, apelando para os gênios tutelares do mundo tríplice, a fim de assegurar o gozo da prosperidade costumeiramente oferecida pelo Nilo, contra a violência de seu inimigo Typho.' Esta tradução data de 1666. Contudo, os anos passaram sem pedir licença, como é seu péssimo costume. Napoleão invadiu o Egito, foi achada a pedra de Roseta, Champollion a traduziu, descobriu-se que os hieróglifos não eram simples ideogramas, cada qual representando uma idéia, mas também uma escrita fonética. Enfim, foi possível ler a escrita egípcia. Hoje, a tradução do mesmo cartucho é a seguinte: PSAMTIK. Um nome próprio, o nome de certo obscuro faraó."

Fragmento, fins do século XX.

"Somos filhos das palavras. As ruínas de nossa infância remota não são imagens mnêmicas feitas de pedra e cal, mas do adobe de palavras ambíguas, que constroem tais imagens, a um tempo reveladoras e encobridoras. Ein Glanz auf die Nase. A glance on the nose. No artigo sobre o fetichismo, Freud mostra o paradigma da tradução, em que o lúbrico olhar de uma criança, só de relance (glance), disfarça-se em brilho (Glanz), na tradução posterior, transformando o pequeno voyeur em admirador fetichista de brilhos no nariz. Imagens como esta, construídas pela tradução entre idiomas, modos de dizer, duplo sentido de palavras, são o alicerce movediço de nossas lembranças. Depois, juramos sobre elas, damos nossa palavra de que aquilo aconteceu. Como deuses incautos, somos pegos pela palavra.

Qual a cura possível, lembrar-se do que não existe? A palavra inscrita em nossos corpos converteu-se em Sagrada Escritura, em destino. Nem uma vírgula ouse-se mudar. Porém, entre a escritura e o cumprimento do destino, interpõe-se a tradução. Sobre esta, podem incidir as operações da cura. Não que se descubra o sistema último de tradução; mas, ao contrário, a multiplicidade das traduções enseja um salto qualitativo em direção ao sentido mediador, um processo de destradução que faz ressaltar o quase sem sentido, o mínimo sentido que se interpõe entre duas fantasias. Nem a fantasia do paciente nem a do analista, senão o quase vazio produtor que medeia entre elas, em cada momento da análise. Entre glance (glenç, pronunciado à inglesa) e Glanz (glantç, dito em alemão), há qual-

A INFÂNCIA DE ADÃO e outras ficções freudianas   89

quer coisa (um glç consonantal), uma não coisa qualquer que pode ser o ponto de partida da ruptura de campo da memória. Não podendo retirar a palavra dada em que fomos pegos, nem podendo ir aonde a palavra não nos leva, é forçoso rechear de palavras a intuição do quase vazio produtor, para que a destradução se evidencie, mesmo que decaia em nova tradução reificada, hipóstase que já traz em germe sua própria negação, tal como uma fábula cuja moral fica em aberto. Assim é a teoria psicanalítica. Assim cura o método."
Fragmento, início do século XXI.

"Imagine-se que, num sítio próximo ao porto egípcio de Alexandria, em Rashïd, descobriu-se um fragmento de pedra, contendo certo édito em grego, de um tardio monarca ptolemaico. Para os fins desta fábula, estaria igualmente gravado em cursivo egípcio, chamado demótico, e em hieróglifos, escrita que, naqueles tempos, não se sabia ler. Um estudioso inglês, de nome Young, comparando as três versões, propõe uma hipótese sobre os sentidos dos hieróglifos e sobre a maneira de os ler. Outros sábios corrigem sua tradução, encontram erros, mas, aos poucos, estabelecem uma precisa correspondência entre alfabeto grego e hieróglifos egípcios, o bastante pelo menos para iniciar a decifração destes últimos.

Com base nesse estudo, são traduzidos todos os antigos escritos egípcios: os papiros, as gravações internas dos sarcófagos, os textos inscritos nas paredes das pirâmides e dos templos, parte dos quais constitui o chamado Livro dos Mortos. Descobre-se, por exemplo, que os egípcios acreditavam ser o homem constituído por diversas camadas de alma e tipos diferentes de essência, cada qual destinada a uma forma especial de sobrevivência, exigindo cuidados precisos para sua conservação na eternidade. Reconstrói-se minuciosamente a história daquele povo, desde seu primeiro e mítico rei, Menés, (5892 a.C., Lepsius), até aos próprios ptolomeus, soberanos gregos, herdeiros de Alexandre (356 – 323 a.C.), o fundador de Alexandria. Tudo é perfeitamente coerente, a pedra é guardada num museu e a história do povo em questão é transcrita em milhares de livros de história, redigidos em todas as línguas e escritas, exceto talvez na escrita hierática original.

Passados muitos e muitos anos, porém, encontra-se numa choupana o resto da pedra de Rashïd — conhecida também como Pedra de Rosetta —, que fora utilizada por algum inescrupuloso, embora inocente, operário nativo como parte da fundação de sua casa, ficando pois oculta desde os fins do século XVIII. Para grande pasmo dos egiptólogos e opróbrio eterno de Champollion — o mais famosos dos decifradores que desenvolveram o sistema de tradução de Young —, constata-se que a complementação do texto hieroglífico não admite a mesma leitura da parte conhecida. Em conjunto, depois de longo trabalho de cruzamento, é preciso convir que o texto hieroglífico difere radicalmente dos outros dois, sendo estes, conforme então se constata, ou uma tradução incorreta do primeiro, ou presumivelmente uma espécie de comentário. Opinam mesmo alguns que o texto hieroglífico tratava de um tema inteiramente diverso daquele dos outros dois. Em suma, houve um pequeno tropeço lógico de indução: se B (o texto demótico) é igual a C (o grego), A (o hieroglífico) deve ser igual a B e a C, mas pode ser diferente.

Ora, após aceitarem esse infortúnio inesperado, foi forçoso retraduzir o conjunto dos hieróglifos egípcios, que continuam, porém, mostrando-se inteiramente coerentes entre si. Três sistemas de equivalência são propostos e repartem a preferência dos egiptólogos internacionais.

O primeiro sistema, francês, muito próximo ao de Champollion, revela que a história egípcia e sua mitologia são absolutamente idênticas àquelas que se haviam levantado segundo a tradução original. Nomes e datas coincidem, as prescrições para a delicada cerimônia do embalsamamento são as mesmas; nada mudou, apenas mudaram os lugares onde cada coisa fora escrita: o que estava numa pirâmide, agora aparece no interior de uma mastaba, o que aparecia num papiro, agora aparece noutro.

Seguindo a chave proposta pelo segundo sistema de tradução, de autoria de um sábio italiano (e de sua equipe multidisciplinar), o resultado é ainda mais surpreendente. Verifica-se, sem lugar a dúvidas, que os hieróglifos egípcios contêm a história detalhadíssima do mundo, desde sua origem mítica — onde todas as cosmogonias, a egípcia, mas também a grega, a judaica, a chinesa e mesmo as dos nativos da América, estavam incluídas —, passando por um extremamente minucioso relato da descoberta, tradução e retraduções da Pedra de Rosetta,

A INFÂNCIA DE ADÃO e outras ficções freudianas · 91

até a descrição dos fatos mais recentes, que cobrem o começo do terceiro milênio d. C. Nesse ponto, contudo, calam-se as escrituras egípcias com um terrível presságio: quando houverem sido corretamente traduzidos os textos hieroglíficos, o mundo deixará de existir. O pânico que sobreveio a esta tradução pode ser facilmente avaliado. Os negócios internacionais paralisam-se de imediato, florescem as mais desencontradas religiões apocalípticas, as bolsas de Nova York e de Tóquio despencam a patamares inimagináveis. Em face disso, as Nações Unidas decidem confiar a uma equipe japonesa de criptografia computadorizada a missão de construir um programa que resolva definitivamente a disputa entre os partidários das duas traduções. Foi assim que surgiu o terceiro sistema de correspondência para os símbolos da escrita hierática egípcia. O grande computador, após um ano de funcionamento ininterrupto, propôs o que deveria ser a tradução definitiva. Segundo esta última chave, a leitura do conjunto hieroglífico de pirâmides, templos, papiros, mastabas e sarcófagos — e mesmo de certos rabiscos irrelevantes deixados pelos trabalhadores empregados na edificação das pirâmides, que ainda se vislumbram em certo canteiro de obras — indica que estes textos constituem apenas tentativas frustradas de tradução dos próprios símbolos hieroglíficos; os quais, portanto, nada significam, a não ser um potencialmente infinito e inútil dicionário de coisa nenhuma.

Os sábios, como ficou dito, repartem seu favor entre os três sistemas. Uma equipe de lingüistas da Distinta e Extinta Universidade de Babel, convocada especialmente, a peso de ouro, para fornecer o que se esperava ser a opinião final, emitiu o lacônico parecer: os hieróglifos egípcios são um típico exemplar da escrita humana..."

Fragmento, ruínas do British Museum, dat. prov. meados do século XXI.

No Zôo

O senhor me confunde. Possivelmente, seja sua técnica terapêutica. Já não será tão fácil abandonar-me à livre associação, porém. Para o bem e para o mal, cada vez mais domino as palavras. As salvas paroxísticas de paralogismos de citação blasfematória decrescem a olhos vistos. Também se gradua a faculdade da memória. Estou cônscio de que, se acaso imaginasse meus pais, eles passariam a ter sido exatamente como os imaginei. E eu seria seu filho, alterando-se as condições mesmas de meu imaginário. A cada novo passado, outro futuro consoante. No novo presente, a recriação de um passado milimetricamente distinto daquele que lhe deu origem. Assim progride o humano labor mnêmico, o livre desassossego. Não é difícil crer que haja desejado minha mãe, se a desejo ainda descobrir no fundo de mim. Nem que rivalizei com meu pai. Ou que suprimi tais memórias inconvenientes. É tão cabível essa ocultação, quanto não haver passado pela infância precoce. Para que nada se altere — après-coup, pósgolpe —, anoto as sessões. E meus sonhos, estes que lhe passo para revisão. Confio na palavra. Mas prefiro registrá-la em tabelião. O escrevente lavra a Escritura, assenta o protonotário, o cartório cartografa. Por fim, traduzo eu o texto resultante, equivoco-o e de associação fico livre. Entrego-lhe, mas só para sua reconstrução.

Contudo, abandonar-me a seus cuidados demanda certa cautela. Em que mãos estou? Não padecerá o senhor de algum viés interpretativo?

Para fins de argumentação, tomemos por assentado serem estas duas árvores, aqui no centro do zôo, exatas reproduções fac-símiles das originais, que o senhor alega haver plantado tanto tempo faz. Seria esta a da vida, aquela, a do conhecimento. Provar do conhecimento teria originado a condenação à morte, provar da árvore da vida importaria em imortalidade, conforme sua concepção. Mas, antes de conhecer o sentido da morte, por que almejar a imortalidade? Logo, era preciso que provasse da segunda, para desejar a primeira. Como vê, já evoluí até uma neurose dedutiva de transferência.

Estaria trilhando, por conseguinte, a única trajetória possível. Alega ademais o senhor que me teve de expulsar, porque me teria tornado seu igual. Não foi para isso que me tomou em análise, para contar com um parceiro, à altura, imagem e semelhança? Que me tornaria um rival, tentando tomar o lugar do pai da ordem primitiva. Segundo qualquer versão, o resultado é dilemático e, pois, indistinguível. Oportunidade para conhecer os males que o afligirão, e alegar depois que foi o desejo de conhecimento do sujeito o culpado por

A INFÂNCIA DE ADÃO e outras ficções freudianas   93

eles. Se só me tornei mortal por haver provado do conhecimento, de que me serviria provar da árvore da vida? Que imortalidade poderia adquirir, se ainda não a tinha perdido. Pesaria a interdição sobre saber-se imortal? Eternidade será a não sabida finitude? Refletindo, comecei a ver as coisas por um ângulo agudo. Neste ponto, tem o senhor certa razão: morrendo é que se aprende. O que estaria em disputa não seria a morte, mas a vida. Ser-para-a-morte ou ser-para-ação? Luto e reluto! A morte talvez mais não seja que o conhecimento da morte. São mortais todos estes bichos? Em que tempo vivem? Meu tempo é um desconto com relação à morte. Tempo a menos. Mas o deles? Que sabe da morte este canguru? Nada, só sabe pular.

Admintamos: nada sei também da morte, porque a morte não é matéria de conhecimento. Sem representação inconsciente, ou infância insciente. Diga e repito: o conhecimento da morte é o mesmo que o tempo humano. Será outro o tempo sem limites nem apreensões do canguru. Cada instante há de ser para ele o mesmo que para o senhor, sendo quem diz. Literalmente, entre saltar e cair no chão, é eterno o canguru. Já imaginou? Sei que já. Mas ele não. A eternidade, doença do tempo humano, de que o senhor padece.

Meu caso é o oposto. Por isso, tão confusa memória de vocação. Diz-me o senhor que me é impossível lembrar de minha infância. Os vinte passos que separam as duas árvores constituem o seu nó. Enquanto meu conhecimento da morte não se completar com o da superação da morte serei uma criança assustada, é o que diz e repito. Mas diz também que nessa matéria o conhecimento é impotente. Concordo em absoluto. Repito.

De qual conhecimento se trata, é forçoso argüir, se a primeira mensagem descoberta foi a da nudez pubianalítica. O senhor acredita que todo conhecimento é na sua origem sexual? Se assim for, a sexualidade não é o problema, mas o sexo do conhecimento. Bichos não se envergonham, logo, segue-se, deduz-se e infere-se, sexualidade é o conhecimento do sexo. Equivalem-se os dois termos nesse caso. O que caracteriza meu tempo é o conhecimento da morte, o medo, e o que caracteriza minha sexualidade é o conhecimento sexual, a vergonha. Morrer é, portanto, conhecimento da nudez temporal, vergonha do medo. Dupla vergonha, a nossa, em conseqüência. Agora o compreendo melhor. Deve ocorrer outro acidente de proporções parecidas à criação e à expulsão, para que o conhecimento se complete. Enxertando a árvore do conhecimento com a árvore da vida? Por algum motivo, jamais o enxerto pegou. A confiança é oposta ao conhecimento. De águia a zebra, as criaturas acorrem ao tratante tratador que as vai alimentar. Arredias, temerosas, mas vêm chegando e quase se deixam tocar, comem o que lhes dá. Elas confiam. Eu, quando me oferecem um prato no restaurante às portas do zôo, quero sempre saber como será preparado, quais molhos, a que ponto o bife. Nunca como às cegas. Mas penso, logo, insisto. Insisto até ter razão, e ter razão é comer cru. Talvez o vício de origem do humano pensamento, que o faz rejeitar a vida, seja a confiança cega em sua luz, é ter razão. Engolem-se seus produtos, sem ao menos perguntar como foram preparados, tal como o fazem os animais. Quantos pratos conceituais se podem preparar com os mesmos ingredientes, até com o mesmo nome? A marca da infância humana será a desenfreada comilança de todo e qualquer produto do pensamento, da lógica emocional à lógica simbólica. O conhecimento vivo só se há de constituir dentro do campo protetor de um ceticismo preventivo.

O único e verdadeiro Deus

O homem que dobrou a esquina escura era magro, pálido e, de tão alto, um pouco curvo, como se debruçado sobre algum abismo insondável de que o mundo não seria mais que a borda. Nada poderia quebrar a concentração de seu espírito, sem lhe quebrar também o corpo, pois tivera uma Idéia. O sobretudo escuro era um casulo para seu recato. Tomado de súbita decisão, subiu com passos deliberados, quase enérgicos, os três degraus que conduziam ao pórtico modesto de sua igreja, procurando gravar a sensação de cada passo dessa solene ascensão.

Os ventos de novembro faziam trepidar as vidraças, as chamas das velas dançavam agitando as sombras. A pequena comunidade o aguardava. Devia revelar sua Idéia, ainda que os pudesse escandalizar, porém com palavras moderadas, para que o escândalo viesse da Idéia, jamais de sua boca.

A INFÂNCIA DE ADÃO e outras ficções freudianas   95

— "Irmãos" — começou — "há tantos anos nos conhecemos.
Nestes anos, nunca lhes faltei com a verdade nem fui reticente.
Prudente talvez, mas não omisso ou falso. É preciso que lhes conte
agora o que finalmente descobri..."
Da prédica do pastor Nielsen faltam registros precisos, como,
aliás, do restante de sua vida terrena ou não. Dele, aliás, não teria
restado memória viva, não fosse pelos registros da mesa espiritual de
Mme. V., adivinha, cartomante, médium renomada, segundo alguns,
famigerada charlatã, segundo outros, ativa em Límbia nos anos vinte, cuja correspondência, recentemente vinda a público, relata certos lances dramáticos dessa história, divulgados, segundo ela, pela
própria alma do pastor. Fora isso, sabe-se apenas que, entre 1856 e
1900, ano de sua morte, respondeu pelos serviços religiosos da vila
de L., próxima a Upsala. Ganharia decerto o bastante para ter uma
vida decente, mas austera. É lícito igualmente deduzir que, havendo revelado sua idéia de Deus, tenha perdido parte considerável dos
fiéis e de sua renda, sobrevivendo desde então, parcamente, da dedicação dos raros amigos que lhe sobraram e que o seguiram, estes
sim, até o fim de sua existência carnal. À Igreja teve de renunciar,
como é evidente.
    O Argumento de Nielsen, que assim ficou conhecido entre os
filósofos da religião, não é difícil de expor, embora cause sempre alguma estranheza. É preciso compreender, todavia, que na solidão dos
longos invernos suecos, à margem da história, vencidos somente graças à leitura febril e ao pensamento desregrado, não raro germinavam
idéias que, em indivíduos dotados de rigor lógico, se iam ramificando,
até desembocar em improváveis meandros espirituais.
    Ao que consta, passara a vida torturado por argumentos teoló-
gicos e por uma dúvida muito prática: se há um só Deus e um só
destino após a morte, como é possível que se dividam tanto as opiniões
dos homens sobre o assunto? Por que Shiva antes que Cristo, por
que Maomé ou Buda? Como podem uns poucos homens estar certos, enquanto a arrasadora maioria dos demais, em qualquer caso,
estaria redonda e fatalmente equivocada?
    Muito lentamente, sofrendo incontáveis escrúpulos morais, ape-
lando à filosofia, de Plotino a Kirkegaard, e ainda aos autores místi-
cos, pesquisando a lógica e a metafísica, não menos que a teologia,

constrói um sistema religioso *sui generis*, que afirma serem todos os deuses um só deus, reflexo último da tendência humana a edificar fés religiosas sobre o alicerce de sua primitiva dependência infantil para com os pais. A novidade dessa profana e, acrescente-se a bem da verdade, algo corriqueira concepção é que ele sustenta, contra todas as chances, que nossa humaníssima propensão a imaginar sistemas transcendentais é já divina, é em si mesma a própria divindade e prova bastante para se crer no paraíso vindouro. Mais ou menos reproduzindo o tão perempto, quão famoso argumento de Santo Anselmo — quem sustentava que o mero fato de lhe ocorrer a idéia de um Ser Supremo, portador de todas as perfeições, obriga-o necessariamente a incluir a perfeição da existência entre as demais (por oposição à inexistência, que considera ser um estado menos perfeito); para Anselmo, essa inferência lógica constituía prova absoluta da existência de Deus. Só que, ao contrário do outro santo, este — que talvez o não fosse menos — acredita que a própria relatividade da tendência humana a conceber deuses já é divindade bastante, que cabe adorar e na qual se pode depositar inteira confiança espiritual. Nosso bom pastor convence-se de que, após a morte, cada homem justo há de encontrar o céu que imagina existir: o primoroso Jardim das Delícias muçulmano, com suas fontes e aromas e donzelas, a visão beatífica da Trindade cristã, o Nirvana budista e assim por diante. Era seu lema, em suma: de todos os deuses um só deus (pura tendência humana a criar a divindade, mas com sólida ontologia resultante) e um paraíso para cada qual, bem merecido ou bem perdido, segundo sua crença particular, a esperá-lo por mercê desse mesmo deus tendencial. E, naturalmente, nenhum inferno, apenas o vazio da descrença para os ateus e o vazio do mal para os ímpios.

Chegado a esse ponto de suas reflexões, o amor à verdade não lhe permitiria calar. E, ao que parece, Nielsen não se calou naquela noite suprema. Explicou aos seus que uma longa meditação preparara seu espírito para a iluminação final que o fulminara ao dobrar a esquina da rua principal, a caminho do serviço noturno. Como transmitir sua Idéia? Optou por um tom mais passional que teológico. Deus não poderia ser tão injusto a ponto de se revelar a uns poucos, deixando nas trevas o grosso da humanidade. Para que uma religião fosse verdadeira, seria preciso que todas as demais fossem falsas? Todos os deuses, venerados por milhões de homens honestos, apenas sombras e simulacros? Mas, como poderiam ser verdadeiros os deuses todos e certas todas as religiões? Então, fez ele uma pausa à procura da palavra justa. Os olhares escrutavam-no. Aonde queria chegar?

— "Um tal deus, irmãos, não seria digno do nome. Não vos inquieteis, porém, o Sagrado existe e é evidente para todos nós. Ele habita nossos corações, como o coração de cada homem, e se exprime no santo impulso a criar religiões, a nomear os deuses. Esta é a simples verdade: não existe outro deus senão a humana, a mais que humana tendência a cultuar. Inventar deuses é Deus. Todos os homens estão certos e a cada qual seu paraíso. Oremos ao Sagrado!"

O resultado de suas palavras não foi tanto o escândalo, mas a ambiguidade. Não houve gritos ou protestos, como temera, mas certo desconforto que, aos poucos, foi esvaziando seu culto semanal, o qual de qualquer modo teria de mudar de lugar e de denominação. Nielsen demitiu-se das funções de pastor e passou a oficiar em sua própria casa o culto do Sagrado, a religião de todas as religiões.

Ganhou até mesmo alguma notoriedade, anos depois, quando publicou um opúsculo, hoje perdido, em que sustentava seu argumento, provocando resposta cortante de um professor de teologia da vetusta Universidade de Upsalla, que o desafiava a um debate público. Despretensioso, cônscio de sua limitada cultura teológica, recusou o desafio com toda a polidez. Que teria podido sustentar em tal debate? Argumentaria talvez que cada deus nomeado era uma concretização ilusória da mesma tendência espiritual a transcender a condição humana e que cada religião oficial nada mais era que o rito de anulação da transcendência? Que, ao eliminar toda e qualquer figuração particular, punha em evidência o modo da elevação do homem até o vazio pleno e que esse modo era em si mesmo o Deus buscado? Religião menos religiões igual a transcendência, deus menos deuses igual a Deus. Essa verdade abstrata, entretanto, a experiência já lhe tinha ensinado, não apetecia ao homem comum nem entusiasmava o religioso. Qualquer público, mesmo que só por simpatia, haveria de apoiar seu contraditor, ainda que não compreendesse a qualidade dos argumentos — que ademais haveriam de ser precisos e arrasadores. Resignado, recolheu-se a seu costumeiro anonimato.

Tal episódio, ao que parece, sucedeu quando o pastor já estava quase às portas da morte. Uns poucos discípulos deixou, não uma igreja nem sequer uma seita, pois seu sistema de pensamento, além de sutil e impalpável, não concedia qualquer margem ao orgulho de se sentir escolhido, nem à humaníssima compensação de condenar aos fogos do inferno o vizinho menos casto que nos enche de despeito. Assim, cercou-se em vida de um punhado de seguidores, mais colegas de debate e inquirição que correligionários, inteiramente devotados a ele, é certo, mas nem por isso devotos. Estes oravam a seu redor no momento derradeiro, augurando-lhe um feliz trânsito que o deveria levar ao céu essencial, ou seja, à raiz da concepção religiosa humana. Tendo já abandonado a crença num paraíso especial, só aguardava Nielsen uma eternidade de mansa contemplação do multifário espírito divino do homem.

Por fim morreu o pastor e, sendo bom e honrado, não podia deixar de ter o melhor dos destinos. Modestamente cônscio disso, foi com extremo espanto que se deparou perdido numa mata inóspita, quente e impenetrável, saturada de mosquitos, entre fogueiras, ferozes brados de guerra e animais impensáveis. "Fui para o inferno", desesperou-se, "mas se nem sequer existe inferno, só uma abstração negativa dos inúmeros paraísos diferentes..." Seria este matagal ínvio o reino categorial da religião em estado puro, não obstante? Impossível crer. "Perdi-me por minha arrogância em querer reduzir o incompreensível a termos lógicos", ainda tentou ponderar o reverendo, num tardio voto de arrependimento. Mas isso tampouco pareceu-lhe possível ou justo.

O calor era assombroso. Árvores imensas e desconhecidas agitavam-se ao sabor da tormenta iminente. Na noite, ribombavam trovões e tambores de guerra. Sombras demoníacas, meio homens, meio pássaros, passavam a correr, nus, as penas tremulando no vendaval. Luziam fogueiras numa clareira próxima.

— "Perdi-me, Senhor, e arrastei meus fiéis amigos ao erro supremo e ao inferno dos pecadores. Misericórdia!" — Adam Nielsen bradou, mesmo admitindo interiormente que estava além do alcance da Divina Misericórdia.

Ergueu-se e, aos prantos, pôs-se a correr pela selva infernal, ora trombando num tronco, ora tropeçando em cipós, tentando fu-

A INFÂNCIA DE ADÃO e outras ficções freudianas					99

gir dos demônios ferozes. De chofre, desabou o pesado temporal que se anunciava, e o pobre pastor teve de se abrigar, tiritando de medo, sob a copa frondosa de uma árvore, entregue a seu destino infausto. Teve tempo, então, de refletir longamente sobre a descabida pretensão que o levara a negar o inferno, a abandonar a religião de seus pais, tempo de se humilhar diante da magnitude do castigo que Deus — o Deus que negara e renegara! — lhe impunha agora e por toda a eternidade. Apenas, não conseguia atinar que um ligeiro deslize de lógica — pois disso se tratava, não é certo? — lhe houvesse valido o castigo supremo.

E foi só mais tarde, quando o sol ainda causticante precipitava-se nas águas daquela imensa selva escura, e já se anunciava outra noite tempestuosa, que alguns passantes seminus, cobertos de estranhas plumas, puderam ilustrá-lo sobre seu destino, em meio ao rugir do trovão e ao luzir dos relâmpagos que esfaqueavam o horizonte do entardecer. Sobre seu destino e sobre o de todas as criaturas humanas, a propósito. Não se perdera por arrogância, chegara ao melhor dos destinos reservados ao homem, apenas sua teoria relativística dos paraísos estava lastimavelmente equivocada. Mas disso, Deus o perdoara, magnânimo. Havia, com efeito um Deus, um único e verdadeiro Deus, sendo todos os demais reles contrafações. Entretanto, como poderia desconfiar aquele pálido sueco, tímido e intelectual que era, de que o Supremo Ser fosse nenhum outro senão este longínquo Deus do Trovão, o selvagem e terribilíssimo Tupã?

No Zôo

Alternativas. Precisamos de alternativas. Em regime de urgência. A palavra empenhada não tem volta? Fiel à palavra é o senhor, disso eu sei. Oh, como sei! A quimera selada em nosso pacto terapêutico ainda está aí para o comprovar.

Dou-vos graças por isto e por aquilo, e por tudo o mais. Por que mais? Por ser o senhor quem é. E de tal modo o sendo, que uma vez implantada em mim, insipiente, a idéia de um ser perfeito, ainda que o quisesse negar não poderia, por ser sua existência uma das perfeições inerentes, pros lógica, à perfeição da idéia etc. amém. Graças dou por tal Vós em mim. Por outro lado, não se pode recusar a evidência de que esse argumento é falacioso para todo campo não transferencial. Uma variedade bem particular de vosso primordial, altíssimo, onipotente Dito & Feito. Condena a ser sem descanso, obsessiva representação que coisa e fica, transferida em sangue de meu sangue, bebendo e comendo o produto de cada pensamento. Sem repouso, fora a soneca de domingo. Seis vezes por semana. Ortodoxo ao extremo sois, e paradoxo. Por isso vos louvo.

Por outro lado. Parece-me falar comigo mesmo. Tua voz em mim — Tu Pãtocrátor — tonitruante, logo reticente, ora perdida no ruído de fundo dos meios de comunicação. Onde estás que não repondes? Alvejaste e, castrado, não te quero perder a vós! Se o desejardes, direi: meu pai. Curvo-me. Me atiro ao pé. Direi até: Meu Pai! — aduzirei se insistirdes — fatalidade! Um vosso escravo. Por outro lado, que seríamos nós dois num só? Que soma pré-ôntica da partição do ser? O Messias? O Ungido. Um são? Promessa é dívida? Sem dúvida, nunca faltais à palavra dada. Por outro lado, a palavra dá e a palavra tira. E depois tiraniza. O que nos une nos separa. Em vós encontro cada uma das imagos primitivas, palavra por palavra. Somente um regresso transferente e momentâneo, a caminho da cura. Por outro lado.

Minha salteada infância! Ei-las, de cor, certas arcanas memórias infantis. Tu, que és iodo e sal da terra, escuta: Como e agonia. Trabalho os dias. E as noites, nos sonhos. De amor e ciúme. De inveja e vergonha. De razão e loucura. Cai em Babel. Morro e renasço. Águas de Letes. Pais e filhos. Gente e bicho. Caça e pesca. Acre cultura. Ato e falho. Arte e fatos. Caim & Succs. Ciência, poesia. Devaneio. Recaio em mim. Acordo e sim. Concordo. Afogo. Uma torre n'águas montantes. Mulher que não é. Towers & Burning, Inc. Chama-se estrela e fada marinha. Memória de afogados. Equinodermos asteróides. Ar de torre, facta est. De afogadilho. Livros agrados. Registros mesquinhos. Ganhos e perdas. Escrita de usura. Grandes traduções putativas da apócrifa elipse do verbo ser. Carne. Oficina. Guerras finais. Ossos do ofício. Escrevem e dão. Deuses únicos, aos montes, saltando de alegria, cônscias quimeras no cio de si. Parcas. Memórias. Moiras e loiras. Causas e laudas. Cousas e lousas. Dobres finados. E meios. E

A INFÂNCIA DE ADÃO e outras ficções freudianas   101

fins. D'imundo. Lave-se o ser. Diluve-se a transferência. Reencarnese, regrida-se, delete-se. Etc. & Tal.

Enfim, eis minha infância. Dizendo-o em sua literalidade radical: inconsciente. Esta foi, convenhamos, uma Revelação e tanto. Que o passado a vós pertence... Minha mãe, esquecida, a de nenhum anos. Minha mãe nunca sida? Criado eu, por vós, adulto e na flor da idade? Não é ser pai, mas solipsista bionanismo trinitário. Passado nenhum. Paiternidade irresponsável. Oh! Se anos circundam cada primitiva imago, como recordar passado, presente e futuro? Oh mer, onde se procriam as teorias profundas? Castração: em Vênus Urânia, por obra e graça da espuma do mar. Libido: revirgem a cada mergulho, Afro e Dite. Tânatos: Diante, Virgulo. Per me si va: a posteriori, estava escrito. Narcissus poeticus: decorativo, mediterrâneo. O senhor crê que me pode corretamente traduzir. Que possui a chave de mim e que a registrou como escritura teórica. Duvido e faço muito. Traduzo, diz o senhor, sacro e lego, confirma? Ressentido antitético da sacra palavra, a quem o lega, ao universo, às idades, a que Sacro Impropério, à saciedade, à formação formol? Ne la città dolente? Em Dite, a obscura? Lá cantam sirenas / pequenas melopéias / ecoam embrianões / shellfish piscicologus am. / vinus cotus simplex / emergem de profundis. Vexilla regis prodeunt inferni!!! Lasciate, lasciate... Sem esperança. Aqui convém que di fortezza t'armi, pois só no entre do vazio o sentido se faz. Campo roto, amém.

Por outro lado. Também vos louvo como causa primeira de toda essa confusão empírica, sem direito a ressarcimento ardente. Também como aquele que no ato a gente faz. E outros argumentos que me escapam no momento. Todos vos provam à exaustão. Exaudi (sujeito, predicado, complemento) mea. Por outro lado, não podemos negar os efeitos sugestivos da dependência, concorda? Protelação da cura. Enquanto viver, Cura o terá. Dura mãe, Piamáter. Mãe interna, bainha dos céus, ave! Voa apenas! Falta um nada para recordar o que não foi, ela perdida. Por outro lado, sob as invocações de praxe, senhor, é inegável a operação do ceticismo de transferência, alimentando a deformação reativa de todas essas reagressões. Por outro lado, eu vos invento para póstuma satisfação alucinatória eterna, como sabeis, etc. Alternativas, por outro lado. Em regime de urgência. Casar-me na próxima semana? Se não chover, quem sabe. Volto a vos ver. Por outro lado. Mas qual?

De como não ser o Messias

Ele nos nega o direito, o machista! Arrepanhando as longas saias, brandindo cartazes, os dedos em garras, cabelos desfeitos, enfurecidas, as mulheres subiam ululando a Avenida Central de Límbia. O velho professor quase deixou cair seu charuto de espanto, murmurando entre dentes: "afinal, que querem as mulheres?". Ninguém lhe soube responder. Mas continuavam a chegar, Deus sabe de onde. À passeata das sufragistas, que se convertera em rebelião, juntara-se agora o bloco feminista, formando um grosso rio de gente. Os passantes espiavam, intimidados e curiosos. Mas, dentre estes, as mulheres atiravam ao chão os terços, as sombrinhas, as sacolas de compras, as coleiras de cachorro, as pastas de executivo, os laptops, os tronculóides — e metiam-se na multidão agitada. Um punhado de crianças, que as mães haviam largado na calçada, choravam assustadas; maridos boquiabertos punham-se nas pontas dos pés, tentando localizar a esposa fugitiva, mãos em pala para proteger os olhos do radiante sol de maio. Da Ladeira do Monte, um grupo jovem jorrou no caudal. As mulheres do woman's lib., protestando ainda mais forte que as demais, deram o exemplo, arrancando os sutiãs e acendendo uma fogueira na Praça da Catedral. Esta, num instante, transformou-se em grande e íntima pira funérea, onde queimavam sutiãs, corpetes de vários modelos, espartilhos de barbatana de baleia etc. "Machista, machista!", gritavam a plenos pulmões. A demonstração já atingira o ponto de fervura, quando entrou dançando o grupo das bacantes, vindo dos lados do cais, incendiando o fogo. As túnicas estavam em farrapos, as ânforas de vinho rodaram pela multidão que, contagiada, aderiu à báquica e furiosa dança. Uníssono, elevou-se o brado: "Machista, Deus machista!" O velho professor comentou com a filha que o acompanhava no passeio: "um caso inédito de histeria coletiva transcendental, que parece con-

A INFÂNCIA DE ADÃO e outras ficções freudianas   103

trariar minha teoria. Veja bem, que parece..." E pôs-se a tomar
notas rápidas num bloquinho.

O Homem diante de Pilatos. Quantos escritores, ao longo dos
séculos, debruçaram-se sobre a cena, tentando descobrir um simples detalhe que a elucidasse? Seria o desafio da mais plagiada,
contada e recontada das histórias? Estariam tentados Dostoievski,
do episódio do *Grande Inquisidor*, ou Goulbakov, de *O Mestre e
Margarida*, para ficar no oriente da cristandade, a medir forças com
todos os demais escritores que, desde os evangelistas, escolheram
minuciosamente as palavras que dessem visibilidade à cena que
nunca viram? É concebível. Uma vez iniciada, a disputa é como o
incêndio na mata, que incorpora quantos paus se encontrem no
caminho, mesmo os que se usam para o apagar, e só faz crescer com
isso, ou como a multidão, que soma a si aquele mesmo que a pre-
tende dissolver. Concebível e possível.

Mas há outra hipótese, ademais plausível. Para o escritor, a trama da mais contada das histórias soa imperfeita. O povo judeu o acla-
mara entusiasmado. Pilatos não o quer condenar, até o chama de
justo. É o Sumo Sacerdote que lhe tem de recordar o seu dever. A
mesma multidão pede pela vida de Barrabás. Por despeito? Os grupos
são volúveis, mas tanto assim? Pilatos é pintado como aquele que,
acima de tudo, não se quer ver envolvido numa incompreensível confusão local, nesse recanto remoto do Império; por que tanto empenho em salvar Jesus, empenho cujas tintas são reforçadas pelos escritores. A mera busca de um efeito de contraste — Pilatos destaca a
atitude do Sinédrio, a aclamação das palmas destaca o posterior repúdio coletivo — não parece justificar o exagero da trágica reviravolta, do ponto de vista estritamente literário. A questão é que,
recontando a história redigida por homens simples, os grandes escritores a pioram, dão mais ênfase a suas contradições, não as explicam racionalmente. Mas, como se sabe, é o comportamento divino
que demanda explicação humana, são os mitos que pedem compreensão racional, só a multidão age por motivos precisos, só as
abstrações sofrem de psicologia — o sujeito não é psicológico, mas
psicanalítico, não se explica, interpreta-se, e este aqui não entra.

Qual o crime de Jesus? Decerto, algum que só se concretizou
entre a procissão das palmas e o julgamento. Nada que tenha feito,

evidentemente, mas algo que dele foi feito. Os sacerdotes perceberam de imediato o que estava por acontecer; já deveriam estar escolados na matéria, vigiando cada profeta, porém, vigiando um ao outro, sobretudo. Quem garante quem se arroga? Com certeza, Pilatos desconfiou do perigo, tão explosivo, tão subversivo, que só pensou em não se contaminar, até, diz-se, lavou as mãos, no ritual da assepsia cirúrgica. O povo, como sempre, deu voz a cada etapa da lógica inadmissível, aclamou o Messias e pediu sua cabeça. E ganhou. Mas o crime não se podia lavar com a morte. Esta, também como sempre, apenas o havia de completar.

Por longos séculos, a denúncia ficou contida pela parede invisível — mas, em certos períodos, francamente palpável — que cercava o povo judeu na diáspora. Parede de estranha geometria, pois, ao mesmo tempo que o impedia de se reunir em unidade, impedia que se dispersasse entre os gentios.

Por tradição, durante anos infindáveis, naquele recanto longínquo do planeta, cada varão, ao nascer, recebera seu bilhete da loteria celestial. Poderia ser ou poderia não ser. Com os anos, acabava por se deparar com o inevitável. Não era, falhara na promoção, mas seu fracasso havia sido pessoal e intransferível. Que fizera, ou que deixara de fazer? Impossível saber, receita não havia para a sorte, ou, como melhor se diria então, para os inescrutáveis desígnios do Onipotente. Este, o Deus dos Exércitos, recebia como título aquilo de que precisamente careciam, exércitos, e tinha o tamanho do que faltava ao pequeno povo pastoril, era infinito. E forma humana, aquela que, a rigor, se desconhece. Imagem e semelhança. Conseqüentemente, ninguém se ousaria declarar. Ninguém negaria a possibilidade, por outro lado.

Aclamado o Messias, porém, testemunhada a aclamação por representantes do Império, escritos os Evangelhos e disseminada a Boa-Nova, a história já era outra. A denúncia foi contida, mas não silenciada, como o fogo que permanece ativo no foco subterrâneo. Ao nascer, cada varão continuava a receber seu bilhete, mas, pelo que se murmurava naqueles tempos, o sorteio já fora. Posição preenchida, sinto. Bilhete corrido. Posto ocupado. Inelegível para o cargo. Como é lógico, vezes sem conta, o boato foi ritualmente desmentido. Todavia, no íntimo, cada qual reconhecia que seu fracasso já não era pessoal, mas categorial.

A INFÂNCIA DE ADÃO e outras ficções freudianas   105

Que se perdera? Os espíritos superficiais podem crer que fosse a possibilidade de ser o Messias — e assim se apresenta a questão ainda hoje, às vezes. Cavando um pouco mais fundo, a virtude de pertencer à parcela pequena da humanidade da qual o Messias haveria de surgir, o povo eleito. Mais uns golpes, e bate a pá em rocha viva. Um direito fora de fato alienado, o direito de não ser o Messias. O direito de não ser o Messias. Se calhar, o direito de não ser qualquer outra coisa. De não ser imortal, por exemplo. De não ser conhecedor do bem e do mal. Ou de tudo o mais. De não possuir toda a possível ciência. De não ser a realização idealizada da forma humana, segundo qualquer das receitas disponíveis. De não ser Deus, nas diversas versões da divindade. Mas descobrindo que não se é, como experiência pessoal, tendo por pano de fundo a possibilidade de o ser. Reside aí, em primeiro lugar, o sentido de ser uma pessoa, não é verdade? Descobrir em primeira mão que não se é senão aquilo que, circunstancialmente, nos coube chegar a ser. Não o direito à fantasia, mas o direito à transcendência potencial que, em cada caso específico, fatalmente não se cumprirá. Numa palavra: o direito ao fracasso pessoal.

É noite. Arde a fogueira. O homem em hábito penitencial...

À noite, as crianças descem a rua aos gritos: Malha! Malha!

Os vagões derramam gente no pátio. E é noite, como sempre.

Estranhamente, nas páginas de uma literatura nobremente humanista, a trama releva certa imperfeição. Constata-se a acusação de haverem eles, os perseguidos, recusado a Revelação. Lamenta-se a violência do preconceito. Investigam-se os efeitos de encobrimento que, sob o pretexto de uma velha história, dão azo a que a insatisfação com situações concretas seja canalizada em ódio racial. Todavia, falta o mais simples dos argumentos. Só se odeia o que se é. No diferente, odeia-se a negada semelhança. Seria culpado o povo eleito de haver recusado a revelação do Messias, ou de o haver revelado? Pondo-se de parte irrelevantes minúcias geográficas que a mais vulgar das metonímias ajuda a superar, um fato é sumamente denunciador. Dizia-se então Jesus, o Nazareno, Jesus, o Galileu, mas dificilmente Jesus, o Judeu.

Como é natural, tanto tempo passado, as questões inter-relacionadas do preconceito e do racismo já nos aparecem sob outra luz. Só com certo esforço, podemos transportar-nos à barbárie que então imperava. Naqueles tempos, sabe-se, a fórmula de um filósofo, Sartre, que reduzidamente se enunciaria: o judeu é uma criação do anti-semitismo — exprimia opinião não apenas bem aceita, mas presumivelmente verdadeira em seu contexto. O mesmo se diria ainda de negros, muçulmanos, hispânicos e assim por diante. De armênios e de cossacos. Dos ciganos. De todos que eram outros, para aqueles que, sendo o mesmo, neles se repudiavam: a fórmula do preconceito. E das mulheres. Certa maneira masculina de pensar criou a mulher, a mulher do preconceito. Extraída da costela de Adão, ou de seus sonhos, procurada primeiro entre os bichos, acabou por ser encontrada entre os destinos da palavra. Há uma filosofia messiânica embutida nas Escrituras. O fato de a mulher ser retirada da linha de possibilidade de religação dos produtos da partilha do ser — ou religião — já a define em moldes sartreanos. Todas as prescrições positivas serão enunciadas necessariamente por diferença ou por exclusão. O pensar (do homem) sobre a mulher a instituía, naqueles tempos. Se todas as barreiras de contenção falhassem, sempre haveria a mulher...

Muito tempo haveria de se passar até que a Boa-Nova fosse assimilada. Qual? A de que nada de novo se deve esperar, porque o que tinha de acontecer já aconteceu. No começo dos tempos, bem entendido, não na crucificação, a grande cena reveladora. A forma humana, transmissível, mas inapreensível, esteve sempre por aí. Cada vez que, em desespero de causa, alguma forma parcial tentava apossar-se dela, sem a poder definir, definia-a pelo contrário, por exclusão e diferença. "A essência desconhecida do homem — de que somos os legítimos representantes, é óbvio — há de ser o contrário de, a diferença em relação a, todos menos o..." A isso, chamavam de preconceito, com certa razão, por ser o pré-conceito do conceito impossível: a humanidade do homem. A seu objeto, chamavam raça. Não parece, contudo, que empregassem a expressão: raça feminina. E não pelo absurdo intrínseco, pois se raças não há e a humanidade essencial não pode ser detida por ninguém, o racismo — a macabra ilusão de posse da forma final, definida ao contrário — pode criar

A INFÂNCIA DE ADÃO e outras ficções freudianas   107

raças com qualquer material. Talvez como válvula de segurança. Se acaso o racismo fosse proscrito, sempre haveria uma última barreira de contenção... Uma armadilha para as mulheres: A Mulher? Como se houvesse uma solução para o enigma. Não há, pois não existe enigma algum a requerer solução. O suposto teria de ser a diferença entre a mulher e o ser humano. Sendo o ser humano: o homem, o branco, certa cultura ou língua, certo Deus ou Teoria etc. O truque consiste em convencê-lo de que há um enigma oculto na diferença, onde não há do que ser diferente. Insolúvel, pois. Convencer o outro de que existe o ser da diferença diz-se o mal sem nome. O mal sem nome também se diz ilusão macabra. Ou, o pecado sem perdão. Racismo e preconceito, doutrina e escravidão relacionam-se diretamente a ele. Muitos são os nomes do inominável, apesar de tudo, e inúmeras as condições derivadas. De que se trata, no fundo? Não da história do messias cristão ou do povo judeu, evidentemente. Nem de religiões ou imperialismos singulares, mas de sua forma geral. O mal sem nome é a imposição do ser no espaço intergeracional. Quanto à essência, pois, reside na apropriação indevida da forma humana por uma de suas ocorrências particulares, este roubo da forma que desloca toda candidatura alheia a ser homem também. Mas é igualmente uma doença da razão: a justificativa. Quanto ao procedimento lógico, consiste em argumentar que o mal se justifica para conter o mal; vale dizer, o mal que estou cometendo deve ser contido pelo mal que em seguida cometerei. Quanto à extensão, é expansiva e é redutora: o mundo igual. Quanto às variedades, inúmeras: tudo aquilo que nega o humano direito de não ser. Em seu grau extremo, o mal se chama império. (Dois aforismos do império. Um exército só se mantém se a guerra for constante. Quando perseguido, corra atrás de alguém.)

Houve um tempo, na verdade, em que o racismo foi proscrito. Nesse tempo, as guerras raciais se generalizaram. Na Ilha de Páscoa, em noite escura, conta-se que os fantasmas dos desaparecidos nas guerras raciais se levantaram, e os orelhas longas tomaram revanche dos orelhas curtas, e os moai de pedra foram derrubados outra vez, à procura de qual deles representava o messias local — "aliás, que é mesmo um moai-messias?", ouviu-se perguntar certo kava-kava, à noite, numa encruzilhada. Rompera-se a parede invisível que continha a denúncia, as comportas se abriram de par em par, multiplicaram-se as Desordens Missionárias. Mesmo nos mais ínvios confins habitados pelo homem foi possível encontrar algum representante da impossibilidade messiânica. Mesmo nos lugares mais cosmopolitas foi possível encontrar um critério sutil de diferença para manter viva a chama do racismo, ameaçado de extinção. De certa forma de tatuagem, num grupo aborígine, até pormenores de sotaque, numa grande cidade. O racismo fragmentou-se, cresceu e multiplicou-se. Como seria de esperar. Ainda quem nunca tivera notícia da Boa Nova soube posicionar-se com decisão, mesmo desconhecendo em absoluto seu contexto.

Hoje, tudo isso é difícil de compreender, pela distância; na época, era impossível, pela imersão. O direito de não ser o Messias recebeu muitos nomes, então. Acesso ao desenvolvimento tecnológico, primeiro mundo, qualidade de vida, supremacia cultural, radicalidade, segurança, justiça etc. Ou também: eu sou mais eu. Inúmeras foram as religiões, cada qual inventando sua partição do ser, com vistas à ulterior religação promissória. Infindáveis também as religiões leigas, teorias ideológicas que as mimetizaram minuciosamente, no corte e na cola. E cada qual percorreu o circuito do preconceito à sua moda, com resultados quase indistinguíveis, não obstante. Há uma propriedade do campo do preconceito: tudo o que é exposto à sua radiação nele se converte. Mesmo a crítica ao preconceito era engolida em sua voragem. Algo nos sonegam, chame-se como se quiser. Que será?

Um manual de psico-história para secundaristas sugere o seguinte experimento para ilustrar a questão. Vá à praia. As pessoas estarão pacificamente tomando sol. Estenda uma rede, como as de tênis ou voleibol, em estacas, separando em dois a praia. Nada deve haver de diferente nas duas metades. Subitamente, as pessoas de um lado e de outro tentarão atravessar a rede. Estenderão os braços pelos buracos, e tanto será o desejo de atingir o outro lado, que mãos se irão desprendendo dos braços, braços do tronco, pedaços de gente se irão amontoando dos dois lados. Retire a rede. O fenômeno persistirá.

Quando, porém, os revoltosos esquimós ameaçaram promover o degelo da já comprometida calota polar, uma Assembléia Geral das Nações Unidas emitiu a Proclamação Universal do Direito Não-Messiânico do Homem.

A INFÂNCIA DE ADÃO e outras ficções freudianas   109

O que pôs à prova a última comporta. Parece que as mulheres foram aos poucos tomando a palavra. Primeiro secretamente. Depois a medo. Enfim, em público e notório. Por acidente. À boca pequena. Ao sexo dos anjos. Depois em voz alta. Alto e bom som. A meio-tom, refletindo sobre a própria condição. Enfim, manifestando-se. Posto a nu o preconceito cromossômico, a última comporta vazou. Alguém sempre tem de ficar de fora, para que haja festa, não é verdade? Senão, a festa é na rua. Houve um tempo em que o homem se olhou, e estava nu. E viu que era bom. Nua, havia uma mulher a seu lado, boa, não há que negar. Logo, porém, do olhar passou ao cego conhecimento, e a vergonha da nudez encheu-lhe os olhos de culpa. Conhecendo a morte, o poder de criação repugnou-lhe a consciência. Era inaceitável que o júbilo sexual convivesse com a extinção e o pensamento criador, com a muda introversão do mundo, na sua cada coisa em si e Deus por todos. Foi quando dividiu seu ser.

Uma parte era imortal e criativa, existia em contínua potência e júbilo. Outra, mortal, presa do cerco das coisas, a elas havia de voltar. Sua palavra servia para nomear. Àquele de si que estava acima de todas as coisas, chamou Deus. Adão, ao outro, ao das coisas. Outros nomes receberam as partes do ser, segundo as partes da Terra, segundo as versões do Céu, segundo as Divindades. Mas sempre a divisão, embora diferisse nos pormenores, parecia funcionar a contento. Pelo menos, por um tempo.

Aos poucos, porém, se foram isolando as partes. Primeiro, esqueceu-se ele, o homem, de as ser, ficando só com a segunda. Com isso, a primeira, Deus, adoeceu de solidão. Desejou bastar a si próprio. Sua imortalidade presuntiva degenerou em eternidade, que é coisa consideravelmente diversa, sem fim, mas sem começo: doença do tempo imóvel. Pôs-se a criar apenas pela palavra, mas sua palavra, envenenada de coisa, fazia existir tudo o que pronunciasse. Adão, por seu lado, corria atrás, dando nome às criaturas, tentando recuperá-las para a mobilidade da palavra. Até que cansou. Perdeu-se de si e de seu par, tendo de procurar, em vão, seu ajutório, como diz o Livro, entre os animais. Recriada, a mulher ainda tinha parte com estes últimos — suas partes com o demo, dir-se-ia depois, o que vem a dar no mesmo, mas acrescenta a fogueira —, porém Adão tinha parte com as coisas. O júbilo decaiu em culpa, a nudez em vergonha mortal. Ele se esquecera de si.

Ora, tudo o que faltava a Adão fora posto em Deus, mas o que a Deus faltava não se encontrava em parte alguma, senão em sua reconciliação dialética ou, como dizia há muito, na Unção Messiânica. Deus e o homem aspiravam ambos pelo Messias, o lugar deixado vago pela partição do ser. A palavra precisava libertar-se da compulsão a ser, de um lado, e a nomear, de outro. Esse vazio revestiu-se de fantasia, sendo a dominante, como é natural, a de que Deus se encarnasse em homem, reunindo ambas as partes, de cima para baixo. Proclamou-se a hipóstase. E viu-se que não era nada bom: notoriamente, a cola não grudava. O dois-em-um eliminava a tensão da indefinível forma humana, casava-se com as coisas, virava trabalho, criação avessa, virava exploração, senhor e criatura, virava colonialismo, céu e terra, polícia do mundo, atentado e aniquilação, apocalipse presuntivo. Chama-se a isto: trauma messiânico.

Patenteou-se, então, que a palavra que ao criar vira coisa só se poderia curar nos equívocos da nomeação, não nos exatos nomes próprios, mas nos nomes mais impróprios. E que o nome pegado às coisas, só na criação ambígua, na possibilidade indefinida, curaria de si. Separadas, criação e nomeação reciprocamente se congelavam; coladas, selariam o homem. Porém, mantida a tensão, ainda se poderiam curar.

É claro que não se tratava do Deus judaico-cristão — ou do muçulmano, ou outro, nem do império econômico universal. Nem só do projeto de se unir ao analista no campo transferencial, ilusão de completude inevitável e, não raro, compartida. Toda forma final predeterminada é um avatar da ilusão macabra, todas as suas antecipações levam ao trauma messiânico, unção e um são, QeD. E isso ocorre em todos os temas e formas culturais imagináveis: aquilo que não se supera é partido, e as partes se querem juntar. Mas a superação só pode vir de outro lado, não da fusão, mas do choque. Este rompe a fascinação da forma prometida, reinstitui o movimento aparentemente caótico das vésperas da criação. Ao precipitar a crise interna de Deus, a crítica do homem fez efeito: foi possível tirar dos parênteses a forma humana, evidenciar sua não-definibilidade, sua intrínseca transcendência por ruptura de toda

A INFÂNCIA DE ADÃO e outras ficções freudianas   111

forma realizada, sem meta a atingir. Porém, muito devagar e a du-
ras penas se foi avançando. O preço de fermentar o pão da
transcendência foi renunciar à fôrma transcendente. Querer, ninguém queria. Mas que fazer? Quando o teatro atemporal da revolta feminina, a última comporta, foi levado à cena da realidade,
houve que chamar Ninguém. Aquele que queria...
    Aos gritos, as mulheres exigiam igualdade. "Deus machista!
Temos o direito de não ser o Messias, nós também! Direito de Não-
Ser." O velho professor fechou seu mágico bloco de notas. Segre-
dou à filha, a única, talvez, a não correr: "Que parece contrariar,
mein liebchen... Mas, talvez não contrarie. Uma neurose obsessiva
criou nossa civilização mal-estada. Onipotência da palavra: o que
se diz passa a ter sido. Compulsão de coisa, repetida. Que outra
cura para a cultura, senão uma histeria dialética?"

À porta do Zôo

DingDing. As histórias sofrem de reminiscência.
Dingwiederholungszwang? As coisas de repetição.
    Não senhor, não é preciso acompanhar-me, sei o caminho. Já o
percorri infinitas vezes, morro acima e credo em cruz. Me prega em
coisa. Regressão adâmica passageira, a pregação. Não se trata de
reincorporá-lo. Isso já se tentou. Quase deu certo. Foi uma bela tentativa hipostática. Todavia, traumática. Por pouco e quase.
    Que vir a ser? Convenhamos. Se é fato a história da vinha, Noé foi
o gênio. Faça-me o vinho! Irrefutável, irreputável em sua báquica nudez. Muito tempo houve que passar, até que se disse: É perfeito o vinho.
Todavia, para que a tânica pungência de seu retrogosto adquira máxima sublimação papilar, faz-se indispensável um sabor grasso, escorrega-
dio, antecipatório prazer preliminar que predetermine, em sua untuosa
concavidade, a forma mesma da genialidade vinífera. E disse alguém:
faça-se o queijo! Este não era gênio, com certeza, era apenas um homem
de bom gosto. O que para nós basta e sobra. Os produtos do pensamento
— a emoção viva, a rememoração hipotética, a experiência bruta, afeto,
representação e a Coisa de Palavra, ciência e consciência — há que

avaliar com método antes de os tragar. O apressado come cru. ADão ADeus: fica nos Seus, que estes são meus. Pedistes água? Deu secura, e ma dão... Por outro lado. Como interpretar, como salvar? Aqueles, os apenas de bom gosto, estirpe desta especialidade que praticamos ambos, tão criativa, que se espera que façam? Conhecendo que explicar descura, hão de plagiar sem conta. Contar a história já criada, mas de tal arte que o que era venha a ser em seu não sendo. Plagiar, imitar, parodiar, parafrasear, alterar minimamente, errar um pouco o necessário erro ao recontar, subir e verter geniosamente. Plágio do vinho é o queijo — que, se bem curado, cura. A correta interpretação plange a clínica matéria, toca o instrumento, interpreta a musa, não traduz nem pajeia, plagia, reconta e manda a conta. O paciente traduziu e sofre disto. Vós. Interpretar não é retraduzir, mas destraduzir. Paciente de seus pacientes, servus servorum, dei-me. Quem faz com que — Faça-se a luz! — e quem de nós a paga e conta? Quem arca? AD, clínico material d'exceção, fiz quem sabe luz em vosso santo espírito, enquanto me tratáveis como filho amantíssimo e pacientíssimo, Pai em termos! Paciento-vos, que me apascentais. Plagio-vos, que me plagiais. Interpretações dos sonhos infantis, via real, são essas histórias que vos ofereço, a vós, sonho infantil dos homens. Plágios duplos, triplos, pólipos. Al polvo volverás. E lá vou ver. Literacura. Por outro lado. A interpretação, cá entre nós e que Ninguém nos ouça, não passa das próprias narrativas com que vos ato e desato, e pacientemente vos trato. Destraduzo! Digamos.

Trata-se, pois, de criar no já criado, para volver à véspera do dia primeiro. Cair no Caos, Caindabel é quem o disse e escreveu, o ecolálico. Trata-se: De reordenar os possíveis. De libertar a palavra dada às coisas. Que mera solução para a palavra! — a qual, como a Medusa, ao se mirar se coisa — são a frase, o parágrafo, o livro, a biblioteca, a bibliografia, pistas dispersas nesta história de incerto autor, o ressabido. O culto mal se estar. E, inversamente, a fala hesitante. As falhas traduções. A vaga poesia que se imiscui na conversa, sem ser ali chamada. Da frase à ode, e de volta à perífrase, à paródia. A interpretação que esmigalha o significado convencido. Os possíveis que se constroem de migalhas de sentido, tendendo ao quase nada. Oh! Traumaturgo Assintotal! Etc., amém.

A INFÂNCIA DE ADÃO e outras ficções freudianas 113

Digamos, cá entre nós. Nossos teologismos só teorizam o campo transferencial. Quem acha afinal que é deus? Quem de nós? Onde mais ocorre o dito e feito? Onde mais a palavra cria e descria, descrê e cura? Pelo menos é o que penso, digamos, por outro lado. Nunca estaremos seguros de si. O vazio da infância estofa-me a consciência. Lá, como cá, inexisto. Reunir-me a si, no extremo um são da transferência, selaria o trânsito expectante pré-inconsciente. O que, convenhamos, não convence. É vencido. E vae victis! Desmulher desdeus. Todavia, libertada a palavra, chegarei a pronunciar e refletir aquilo que é? Não, par mênades! Urge pensar que a criação não se encerrou. Talvez nem começada. Criar a inexistente infância, que de novo me recrie novo. Caos criador da saudosa pré-infância. Inconsciente como todas, por certo, ou por errado. Proba probabilidade Dele, a infância de Adão nada é, senão que do presente condiciona. Ninguém se sabe antes de ser. Convenhamos. Ser antes preciso dizer o que se não é. Ter-se em mente. Inconsciente interpretado, transferido de morte, Vós Sois!

Por outro lado. Esquecia-me, eis a participação de meu casamento. Não um convite, receio. Não, senhor. Não é esse o nome da noiva, em absoluto. Tampouco o de minha mãe. A evanescente. A torre do mar. Fim!

Digamos. Agora, só preciso de um banho. De um banho imenso. Agradeço-vos pela chuva, Senhor. Cura d'águas, asperges me D. hissopo etc. Volto a ser não. Ninguém, em pessoa. Intransferível. O de seus, o ciclo tímido, o olho cego, o volta ao lar. Tapeceira, trapaceira, e lá vou eu. Etc. Amém.

De cada criatura, há aí dentro um casal, Kyrie. Dos sexuados ao menos, que há também seus cissipares. Efaristós. Cresci e multiplicai-vos expotencialmente. Parakaló. Abençôo-vos e caio fora. Animais, há deus! Ficai, Senhor e os demais, em paz com o Heresiarca NãoÉ, tratador tratante, o adivinho, o gênio contratado, o alienado arco-íris. Contrato encerrado, com todo o respeito e bom gosto. Altíssima Cura. Enfim...

Ao contrário da outra, desta vez foi Adão quem fechou a porta por fora. À chave.

De Nossos Antecessores
(Fragmento 1)

A Psicanálise surgiu na época em que se descobriam verdades. Essas ainda não se tinham multiplicado a ponto de as termos de reduzir drasticamente a seus respectivos modos de produção, como é de praxe em nossos dias; hoje, ao dizer que algo é verdadeiro, sabemos estar apenas afirmando que um método legítimo foi empregado de forma coerente. Quando um sábio declarava haver descoberto alguma coisa, naquele tempo, o teor da descoberta era tomado como fato por seus pares, exigindo-se tão-somente que o demonstrasse com clareza — atitude simplista que atualmente só alimentam os espíritos mais vulgares. Aliás, era o tempo em que palavras como sábio ou cientista empregavam-se sem aspas mentais e às vezes como sinônimos. Os fenômenos de massa eram pouco conhecidos e raramente interferiam nas ciências, enquanto as grandes efervescências ideológicas que dominaram o século XX estavam só em germe. Não se tinha ainda notícia da ciência nazista, da ciência capitalista, da ciência comunista. O regime do atentado — cujo processo de extensão ao planeta inteiro ficou conhecido em seu apogeu pelo nome de globalização — mal ensaiara os primeiros e inseguros passos. Da crise avassaladora de perda de substância da realidade e da subjetividade, crise que o acompanharia a seu tempo, não havia a mínima desconfiança, a não ser pela intuição antecipatória de uns poucos escritores. Se alguém sugerisse, então, ser possível combater o conhecimento, não por repressão policial, mas soterrando-o sob uma avalancha de informações disparatadas — procedimento cuja eficácia foi comprovada, há não tantos anos, quando da publicação das atas do Simpósio "Internet: O Atentado Paradoxal" —, seria tachado de obscurantista, se não de lunático.

Depois de tudo acontecido, com a vitória maciça da realidade virtual sobre a substância, não foi difícil para os críticos elaborarem listas infindáveis de profetas da condição moderna, quase todos encontrados na literatura; com certeza, muitos espíritos afinados a seu tempo intuíram parte da verdade futura. Não obstante a proliferação de oráculos — e não se pode negar o pequeno prazer que nos traz apontar um novo e obscuro predecessor —, certos nomes figuram em todas as listas. Isolado em primeiro lugar, como é natural, está Kafka, que demonstrou, n'*O Castelo* por exemplo, que o caminho mais curto entre dois pontos não é tanto a linha reta, mas o infinito, e quem igualmente intuiu quase todos os aspectos da crise: desde a falência do sujeito pessoal, até o desvanecimento da crença no mundo quotidiano. Joyce é sempre incluído, por ter provado, mais convincentemente ainda que Colombo, que nosso planeta é realmente redondo, podendo certo dia, num lugar arbitrário para o leitor — Dublin, 16 de junho de 1904 —, ser o centro do mundo e o resumo da história. Outro nome recorrente é o de Borges, cujos méritos já ficam claros desde os primeiros escritos, como o conto "Tlön, Uqbar, Orbis Tertius", no qual retrata a invasão de nosso mundo por ondas de idealismo berckeliano, idealismo que faz aparecerem exatamente as coisas que alguém desejava descobrir. Uma das figuras mais essenciais desse rol de precursores é, com toda probabilidade, o poeta Fernando Pessoa. Não satisfeito em antecipar a morte da substância do mundo, resolveu dessubstancializar a si mesmo, e criou-se vários, injetando em si próprio a droga da heteronímia, num ato de fidelidade intelectual bem acima da exigência do dever de cientista da alma.

Não raro, Freud é lembrado nesse contexto profético. É difícil julgar, entretanto, o acerto da atribuição. De alguma maneira, ele

A INFÂNCIA DE ADÃO e outras ficções freudianas

antecipou o processo de dessubstancialização do mundo, pelo menos no que diz respeito à falência do sujeito e ao reconhecimento de sua duplicação sub-reptícia; as ficções freudianas do aparelho psíquico cumprem, por conseguinte, um papel de antecipação da crise da substância. Pode-se contudo dizer que a Psicanálise acumulou outros papéis ainda mais relevantes: o de ter involuntariamente contribuído para a desencadear e, numa espécie de justiça poética, o de haver sido uma de suas primeiras vítimas, convertendo-se, talvez em razão disso, no batedor que pôde abrir a primeira trilha para a superação da paralisia que atingiu nosso pensamento, com o desaparecimento da clara distinção entre fato e representação.

Propostas no tempo das grandes verdades científicas, mas já tendo parte com o demônio cético da crise, sucedeu que as teses freudianas sobre o psiquismo — as ficções freudianas do aparelho psíquico —, recebidas primeiro com desconfiança, logo se tornassem fato aceito por círculos limitados de especialistas. Uns as aceitavam como fatos, outros as rejeitavam como impostura e superstição, claro está. Para os primeiros, o inconsciente existia, pura e simplesmente, para os outros, era invencionice pura.

É certo que, mesmo naqueles tempos recuados, anteriores à crise da verdade científica e da realidade quotidiana, já se faziam notar pequenos sinais do que se poderia chamar de "instabilidade veritativa". Nas artes, começavam a se multiplicar as correntes conflitantes — os "ismos" que R. Musil satirizou, com tanta objetividade quanto humor, em *O homem sem qualidades*, argumentando que, como ninguém sabe de onde vêm tais modas, desafiá-las equivale a meter-se entre os pólos elétricos de um aparelho de faradização: o paciente experimenta ridículas contrações espasmódicas, parecendo lutar contra um adversário invisível. Mas, não só as artes mostravam sinais de influências desestabilizadoras. As doutrinas científicas requeriam, já então, organismos sociais específicos para se sustentarem — patrocínios, sociedades científicas, fundações, museus etc. — , que, se não predeterminavam o resultado de cada investigação, o que só viria a suceder bem depois, exigiam pelo menos resultados. A filosofia subdividia-se em especialidades, perdendo a unidade sistemática dos últimos séculos, enquanto as ciências naturais divisavam a chance de alcançar sua unidade, por meio de congressos e acordos, quando não das periódicas "sínteses definitivas", em que foi pródigo o fim do século XIX. Todavia, faltavam ainda razões de peso que obrigassem a buscar um estatuto de verdade diferente da clássica distinção entre verdadeiro e falso.

Essa situação só se viria a modificar na segunda metade do século XX. Aos poucos, manifestações conspícuas de instabilidade veritativa foram aparecendo, uma a uma, na obra de diferentes autores, até se instalar entre nós a consciência, às vezes incômoda, de certa relatividade das categorias do conhecimento sobre a psique humana. Ficou patente então uma espécie de dissociação epistemológica, justamente na obra dos autores psicanalíticos verdadeiramente sérios. De um lado, garantiam estar operando na esfera estrita da doutrina freudiana, do que davam sobejas mostras, diga-se de passagem. De Freud, no entanto, em geral selecionavam, como centrais, conceitos que ele mesmo deveria considerar periféricos, a julgar pela forma esparsa em que repontam em seus escritos. Uma simples análise de freqüência pôde mostrar, sem margem à dúvida, que expressões como efeito a posteriori (*Nachträglichkeit, après coup*) ou estranho (*Unheimlich*) não figuram a todo momento na obra do fundador. Paralelamente, outros autores de igual quilate procuravam extrair dos conceitos mais usuais de Freud sentidos inusuais ao extremo, quiçá desconhecidos do criador da Psicanálise: jogos de palavras com expressões que ele empregava originalmente em sentido coloquial, aplicação de suas noções fundamentais a estágios da vida mental muito diferentes daqueles em que se dera a definição etc. Contudo, insistia-se que se estava a trabalhar rigorosamente dentro do quadro da doutrina de Freud, configurando um ataque pessoal a acusação de originalidade, no meio psicanalítico de então.

Compreensivelmente, a constância desses achados gerou a suspeita crescente, mas descabida, de que tais trabalhos estariam apenas buscando um espaço de originalidade disfarçada, enquanto se resguardavam sob a cobertura conceitual e institucional oferecida pela ortodoxia doutrinária. Essa hipótese aviltante, porém, entrava em flagrante contradição com o valor real das obras, bem como com o caráter de seus autores; poderia até ser o caso dos discípulos, jamais dos mestres. Uma explicação não demoraria a surgir. Quando,

A INFÂNCIA DE ADÃO e outras ficções freudianas 119

num texto, encontra-se alguma referência ao inconsciente, é-se levado automaticamente a pensar no inconsciente freudiano. Não era esse o caso, todavia. A seu modo, cada qual dos grandes autores psicanalíticos estava construindo um sentido diverso de inconsciente, diverso do de Freud e diverso do dos outros; mas, por uma sorte de ilusão retrospectiva, atribuía-o à doutrina freudiana, valendo-se de um alargamento de significado dos conceitos originais para demonstrar o potencial heurístico de sua versão do pensamento psicanalítico. Tudo se passava como se argumentasse: tão fértil é minha compreensão que, sem sombra de dúvida, coincide com o sentido que Freud tinha em mente, mesmo não o tendo explicitado. Tome-se, por exemplo, o caso do movimento dos grandes comentadores freudianos, ativo no último lustro do século XX. Em seus textos, quase nunca se encontra qualquer afirmação a respeito da psique, mas tão-somente às hipóteses freudianas sobre a mesma, sinal inapelável de que não acreditavam nela, mais do que, digamos, acreditam na alma transcendente os scholars que hoje em dia comentam as concepções de Platão ou de Tomás de Aquino; nisso diferiam de Freud evidentemente. No fundo, tal descrença na unicidade e solidez do inconsciente freudiano era apenas a proverbial ponta do iceberg, pois, do que se desconfiava realmente, como o tempo tão bem revelaria, era da própria existência do psiquismo e, por decorrência, de qualquer verdade factual a seu respeito.

Reinstalava-se na ciência da psique o avatar de um modo de pensamento medieval conhecido como nominalismo — doutrina segundo a qual as idéias gerais, os universais, não passam de nomes arbitrários, sem conteúdo. Todavia, nessa versão, hoje conhecida como neonominalismo radical, também se negava, na prática, a existência do particular, da coisa, sendo o nome vazio sua única realidade. Assim, cada nome poderia ser aplicado a qualquer forma psíquica e, ao mesmo tempo, a forma psíquica em questão transformava-se em mera encarnação do nome que lhe coubera. Por meio desse fantástico artifício criaram-se infinitas versões pessoais da psique humana, agrupadas em três ou quatro grandes correntes que disputavam a preferência dos psicanalistas. E, como ficou patente, cada qual delas deduzia, de seu sucesso em combater os erros da vizinha, o direito de reivindicar para si a linhagem autêntica de Freud. A semelhança extraordinária entre esse procedimento dedutivo e aquele que os filósofos da Idade Média empregavam para extrair dos pensadores da Antigüidade, notadamente de Platão e Aristóteles, a base para o desenvolvimento das escolas levou a que esse fase ficasse conhecida como período escolástico da Psicanálise.

Não é fácil compreender o período escolástico. Empregando a curiosa noção de revoluções científicas de Kuhn, já se disse ironicamente que as escolas psicanalíticas seriam *pronunciamientos*, já que nação alguma, além de certas republiquetas, suportaria tantas revoluções em tão curto espaço de tempo. Em que pese sua improbabilidade, a existência das escolas constitui fato histórico, qualquer que seja o valor dessa constatação. Em seu interior, os analistas acreditavam estar de posse de uma verdade preciosa e única, usando o nome do fundador como escudo, identidade e fé; razão pela qual, aliás, foi-lhes contraposto por certo tempo o duro argumento inverso: se cada qual tem seu deus exclusivo, mas o milagre é o mesmo, o efeito psicanalítico comum, fica provada a falsidade de todos eles. Argumento improcedente, nem é preciso acrescentar, derivado mais da irritação com seu excesso retórico que da razão imparcial. A questão de como conseguiam isolar-se das demais também já foi quase resolvida: aparentemente, valiam-se de idiomas muito particulares, em que as questões capazes de as problematizar, bem como as teorias de suas concorrentes, não se podiam exprimir com sentido. Tais idioletos grupais, predicação contraditória que ganhou o favor dos historiadores, foram comparados, com felicidade, às "linguagens de culto", vale dizer, às variedades lingüísticas que, no interior de cada religião, são empregadas exclusivamente nos rituais — na oração pessoal e nos atos litúrgicos, mas não na discussão teológica, por exemplo —, ou nas cerimônias civis e militares em louvor à pátria — como é o caso dos hinos, discursos etc.

A reação contra as escolas psicanalíticas não tardou a se fazer ouvir. Politicamente, em vários grupamentos de analistas, incentivou-se, de início, o que se esperava viesse a ser um produtivo diálogo entre elas; publicaram-se inúmeros trabalhos que, malgrado se filiarem a certa escola, tratavam de recuperar ou de aproximar as rivais. Tal empreendimento não prosperou, porém, pois cada qual arrastava ao diálogo sua própria reinterpretação da doutrina freudiana, seu Freud, como

A INFÂNCIA DE ADÃO E OUTRAS FICÇÕES FREUDIANAS 121

então se dizia. Nem os autores se punham de acordo sobre suas versões de Freud, cada qual reputada a única, nem aceitavam discutir o método geral de sua ciência. Enquanto isso ocorria dentro dos redutos psicanalíticos, fora, alguns filósofos das ciências aliavam-se à psiquiatria dos finais do século XX para denunciar como vã qualquer tentativa de edificar uma teoria da psique, uma vez que seu objeto mesmo, a psique, seria inexistente — ou por padecer da ilusão da subjetividade, ou por ser epifenômeno individual das determinações econômicas, ou por poder ser reduzida a mecanismos cerebrais. Minada, teoricamente, pelo neonominalismo radical das escolas e, na prática, pelo rebuscamento de sua clínica, a Psicanálise desapareceu. Restou apenas a terapia homônima, chamada também de psicanálise.

A reviravolta a que hoje assistimos começou, como é sabido, não por uma ação internacional bem concertada das instituições oficiais, mas pelos poros do tecido clínico. Afinal, em meio a tanta disputa, restava o fato de não haver surgido nenhum outro instrumento eficaz no tratamento das neuroses, como aliás das outras formas de sofrimento psíquico, fossem os do indivíduo, fossem os da sociedade — e, ao contrário de analistas, psiquiatras e filósofos, os pacientes não se deixavam convencer de só estarem sofrendo virtualmente. O neonominalismo radical foi vencido pela clínica extensa, ou seja, pela aplicação do método psicanalítico, através de grande variedade de técnicas, em contextos também vários. Porém, como era de prever, já não se recuperaria a noção abalada de verdade factual.

Era notório, a essa altura, que aquilo que estava nascendo entre nós já configurava um conceito distinto de verdade. Seria enfadonho e sem propósito historiar aqui as várias transformações históricas da idéia de verdade. É conhecido de todos, ademais, que a noção de verdade científica nunca se superpôs completamente à de fato. A famosa adæquatio aristotélica sempre foi mais um ideal de simplicidade que instrumento realmente útil. O novo sentido de verdade, no entanto, distanciava-se consideravelmente de qualquer outro vigente no passado. Aparentado superficialmente ao procedimento de redução operacional, consistia, na realidade, em colocar entre parênteses o ingênuo requisito de verificabilidade direta do saber adquirido por meio da interpretação psicanalítica — como verificar diretamente o domínio do apenas interpretável? —, restringindo o valor veritativo dos conceitos à demonstração do processo pelo qual se haviam originado. O preço a pagar por esse avanço inequívoco foi o de termos tido de aceitar que o valor de verdade de uma interpretação se restringe à produção de nova interpretação, que o de um conceito se limita à geração de novo conceito e assim por diante. Tal noção interpretante da verdade só muito lentamente foi sendo aceita dentro da Psicanálise, ganhando antes foros de cidadania noutras ciências humanas. A irrupção dessa acepção heurística de verdade acompanhou-se de efeitos paradoxais no interior da ciência da psique, a exemplo do que sucedia nas demais. O primeiro deles foi a constatação abrupta de que a expressão teoria, aplicada à doutrina freudiana ou à das escolas, indicava um grau menor de crença, a par de uma quase irrestrita afirmação daquilo de que, com toda a razão, se duvidava — constelação típica aos produtos sociais conhecidos como opinião ou ideologia. Em suma, o conjunto original das idéias psicanalíticas apenas se considerava estável — ou seja, uma doutrina ou teoria, termo então empregado como sinônimo do anterior — à medida que nova reinterpretação se completava. Em face desta contradição peculiar, ocorreu uma reversão de perspectiva bastante radical e porventura extremada. Corretamente, concluiu-se que os conceitos tradicionais da Psicanálise valiam, antes de tudo, como exemplos do modo de descoberta possível do psiquismo, do processo que os deu à luz, bem como de sua aptidão em partejar novos conceitos, admissivelmente distintos e quem sabe contrários aos originais. Numa palavra, a noção de fato psíquico ficou desacreditada, mesmo antes da súbita débâcle da noção de fato físico. Deduziram disso alguns autores apressados, com imperdoável exagero, que somente o modo de produção contava, sendo falsos, ou pelo menos disputáveis, quaisquer resultados que este viesse a produzir. A Psicanálise estaria condenada a condições de um simples fazer, uma prática sem objetivos, fossem resultados clínicos, a cura do indivíduo ou da sociedade, fossem resultados conceituais, a ciência da psique. Esse último tropeço epistemológico, que já nos traz à história recente de nossa disciplina, não teve conseqüências mais sérias por duas razões, a saber: porque, de qualquer modo, as organizações psicanalíticas já estavam desacreditadas e porque a crise da realidade substancial já se agravara tanto que a Psicanálise foi

A INFÂNCIA DE ADÃO e outras ficções freudianas 123

compelida a intervir no debate social, oferecendo um mínimo de lógica e compreensibilidade ao novo mundo virtual.

Hoje, atingimos um grau de redução operacional mais condizente com as evidências que resultam de nosso labor na descoberta da psique. Acreditamos, é certo, que as teorias psicanalíticas não se podem deduzir umas das outras, como se fossem formulações objetivas a propósito de fatos incontestes — da aplicação da teoria do trauma ao conceito de masoquismo primário, no contexto da segunda tópica, por exemplo, quase nada se pode a rigor concluir. Um conceito liga-se a outro tão-só pela via problemática de seu circuito de produção metodológico. No exemplo citado, a análise das histerias, que engendrou a teoria do trauma, apenas se pode vincular à análise dos sonhos traumáticos, ambiente gerador da hipótese do masoquismo primário — e não um conceito a outro. A segunda tópica, ou teoria estrutural da psique (id, ego, superego) figuraria nesse contexto, por conseguinte, como marco referencial da conexão estabelecida.

A Psicanálise viu-se tragada, nos fins do século XX e no início do XXI, pelo processo geral de abstração da substância subjetiva — posteriormente, da substância em geral — que afetou nossa história, tendo de se recuperar, muito gradualmente como todos os demais organismos produtores de verdade, do colapso desencadeado pela quase destruição da humanidade durante a Terceira Guerra Mundial (a "Guerra que não houve"), especialmente por seu desdobramento, nos começos do século XXI, as Grandes Guerras Culturais, como hoje comumente se conhecem. Sua recuperação foi lenta, hesitante, porém acabou por evidenciar que mesmo a crítica mais radical das condições do saber — e a epistemologia fundada na negatividade produtiva dos múltiplos campos inconscientes pode ser considerada das mais radicais — não implica a destruição do conhecimento.

Idéias dominantes, como nações dominantes, desaparecem com o tempo; no entanto, algum tipo de verdade sempre subsiste. Em cada momento histórico, com efeito, a cíclica perversão do princípio de autoconservação costuma impelir uma ou mais nações a se considerarem a forma final da humanidade, esforçando-se por fazer, de sua língua, a única e, de seus costumes, os universais. Tal perversão ficou conhecida entre os historiadores como ilusão macabra — expressão de origem incerta, indicando que, se é verdade que o instinto de conservação exige o sacrifício das formas intermediárias de um organismo, individual ou social, em prol de sua forma futura, está interdito a qualquer forma declarar-se forma final, sendo a caveira, presumivelmente, a única exceção. Esse fenômeno, que compreende tanto a luta pela imposição da forma dominante quanto a luta por desalojá-la, tem sido verificado seguidamente também na esfera do conhecimento. A confusão entre fato e verdade conta-se entre tais idéias dominantes. É característico que as duas primeiras denúncias de peso de tal confusão hajam surgido quase simultaneamente em regiões antípodas do mundo científico: o conceito de equivalência dos observadores, alcunhado às vezes de democracia dos pontos de vista, na física relativística, e o conceito de inconsciente, na ciência da psique. Evento característico do processo dialético de luta entre a idéia dominante e a verdade relativa é que o próprio inconsciente tenha sido objetivado em fato, por certo tempo. Por fim, não é menos característico desse processo que a solução não proceda da reflexão ou do debate interno das ciências, em que argumentos dificilmente convencem alguém, mas da própria circunstância histórica. No caso, como vimos, foi preciso chegar quase ao fim da história.

Perdeu-se, portanto, a crença na existência objetiva do inconsciente, mas não a crença em sua capacidade heurística. Não obstantes tal redução e tal relativização, estamos convencidos hoje em dia de que a Psicanálise contém verdades irrefutáveis, cuja significação para a vida humana suplanta a da grande maioria das demais ciências. Apenas, não são verdades factuais, no sentido vulgar, mas verdades metodológicas dependentes, adstritas ao domínio do método psicanalítico, e sempre imprevisíveis, diruptivas. Esta nova acepção de verdade, restabelecida a partir do já referido período de instabilidade veritativa, tem-se propagado em distantes áreas do conhecimento. Do longo caminho que conduziu do fato absoluto à verdade relativa — relativa ao método especial de descoberta em cada ramo do saber —, sobraram diversas lições. A mais notável delas é que o sentido estrito de verdade científica subsume, em essência e antes de qualquer outro critério, a desestabilização dos sistemas teóricos reificados que confundem verdade e fato. Uma irrecusável lição de modéstia ministrada pela história dos últimos cento e cinqüenta anos.

O Escorpião e a Tartaruga

Encerrava-se a sessão solene da Academia de Ciências de Límbia, em que três de seus insignes expoentes haviam sido homenageados conjuntamente. A solenidade era única, pois um nome fora outorgado ao salão nobre, onde desde o começo do século se vinha reunindo a fina flor de seus pensadores e cientistas. Um nome, não três.

À saída, os jornalistas procuravam entrevistar as celebridades.

— Professor Ortiz, por favor. O senhor considera justa a escolha?

Píter Ortiz balançou gravemente a cabeleira branca em concordância, ao se aproximar do microfone.

— Só o tempo pode julgar o mérito de um homem. Ou, a propósito, o de uma mulher — acrescentou, sorrindo para a Dra. Estela de Navas, que acabara de descer a escadaria de acesso ao salão, apoiada no braço direito do Prof. Ricardo Monsar, o célebre físico.

— E o tempo julgou. Ao que se diz, com justiça. Foi uma estranha colaboração a nossa, de fato... Mas resultou, isto não se pode negar. Com toda modéstia, creio que a parcela cumprida pela direção do projeto não há de ser menosprezada pela história.

Uma limusine esperava os três velhos amigos, à saída do prédio da Academia. O chofer, solícito, ajudou-os a subir e rumou para a casa do Dr. Ortiz, onde uma ceia fria os esperava.

A sala de jantar era pequena e aconchegante. À mesa, salmão

defumado, caviar com blinis e uma galinha-d'angola fria ofereciam aos comensais a ilusão de reencontrarem o melhor de quantos finos bufês a vida universitária lhes havia oferecido. Reminiscências de Congressos estavam impregnadas no menu, a exata combinação de elegância, com superficialidade e pressa, daqueles que se reúnem mais para conversar que para comer e não desejam ser molestados pelo serviço. Tudo estava pronto e à espera. Mesmo o vinho branco de Graves guardava a justa proporção: um Château respeitável, mas não tão requintado que exigisse degustação religiosa.

— Píter, você é um amor — Estela sorria, forrando carinhosamente o macio blinis com uma camada fina de creme de leite, onde depositou generosa colherada de caviar, decorando as bordas com gema dura de ovo e pedacinhos de cebola — Você ainda se lembra de Bovéria, há quarenta anos. Seus olhos umedeceram-se com a recordação.

Na realidade, fora há quarenta e sete anos exatos. Estela era então uma jovem bióloga, de cabelos curtos e encaracolados, olhos escuros que sempre se voltavam para os lados, a explorar os limites oferecidos por seus óculos redondos, como se o Fato Essencial estivesse ocorrendo um pouco à direita ou à esquerda do que os outros imaginavam. À mesa do almoço, havia o mesmo caviar com blinis de agora. Ou, a rigor, precisou ela, o caviar pudesse estar meio degrau abaixo do excelente Beluga que hoje degustavam. De qualquer modo, seu cuidado em preparar um canapé esteticamente perfeito havia sido o mesmo então.

Os dois companheiros lá estavam também em Bovéria, na casa de campo do Prof. Nigrius, chefe do projeto P., da Universidade Federal. Píter era louro e magro, um pouquinho curvado, parecendo estar constantemente preparando uma tirada inteligente. Ricardo, que aos trinta já começava a cultivar o embrião da respeitável barriga que os anos de sedentarismo ainda lhe proporcionariam, sorria satisfeito. Na realidade, estavam os três felizes e orgulhosos, pois haviam sido escolhidos — entre quantos outros jovens bolsistas, só Deus sabia — para integrarem o ambicionado Projeto P.

Pela janela da sala, Estela via o sol esquivar-se por entre as folhas das árvores, transformando a larga vidraça num cenário teatral para o pequeno discurso do Prof. Nigrius. Recordava-se ainda

A INFÂNCIA DE ADÃO e outras ficções freudianas

hoje do sentimento maravilhoso de predestinação, com que cada palavra do professor a ia enchendo. — Vocês três foram escolhidos e acredito que, no íntimo, sabem por que o foram, meus jovens amigos. Até mesmo o tom paternal e um pouco irônico do Professor soava como um presente dos céus, naquele dia. — Não estamos simplesmente em busca de inteligência ou cultura. Queremos descobrir o que é que faz um gênio, um descobridor, alguém que chega àquilo que, à frente dos mesmos dados, ninguém mais é capaz de cogitar. Nenhum de vocês ainda pôde fazer qualquer descoberta importante. Claro — Nigrius parecia querer afastar uma objeção menor, agitando as mãos como quem espanta uma mosca da comida —, não tiveram tempo. São jovens e dedicados, tudo o que lhes vamos oferecer é oportunidade. O salário não é demasiado alto, caso contrário estariam tentados a ocupar-se em gastá-lo, mas é suficiente. E a posição no Projeto é sobretudo segura.

— Lembra-se da preleção de Nigrius, Ricardo? — virou-se Estela para o obeso e bonachão físico à sua direita, esvaziando o copo de Château Magence.

— Palavra por palavra, querida. Na época, ele me parecia de uma ingenuidade confrontante à loucura. Tudo o que pedia era que eu fizesse uma descoberta fundamental, numa área em que alguns milhares de bons físicos quebravam em vão a cabeça, e minha única obrigação era de não esconder de Nigrius o processo de descoberta. O pequeno detalhe de que eu poderia nunca chegar a qualquer resultado não o parecia molestar minimamente.

— Eu me sentia como um ratinho no labirinto — redargüiu Píter — só que o Labirinto ficava em Creta e o camundongo deveria matar o Minotauro, levantar a planta do Labirinto, para em seguida desposar Ariadne.

— A última proeza você nunca conseguiu realizar, Píter, e olha que ela sempre teve uma quedazinha por camundongos crescidos. Eu estive por um fio. — Ricardo, gentilmente, completou o copo de Estela com o líquido dourado — Minha Ariadne, você me inspira ainda.

Naquela tarde distante, após o almoço, Estela e Píter meteram-se no bosque e sentaram-se num tronco caído, a conversar. O barulho ensurdecedor das cigarras parecia aumentar a reclusão protetora das árvores, como uma parede sonora. Bichinhos voadores de toda sorte circulavam à volta deles, brilhando um instante ao sol e depois desaparecendo nas áreas de sombra, como se alternassem momentos de ser e momentos de nada.

A conversa começara séria, como convinha a dois futuros gênios, bem alimentados pelo chefe generoso. Decidiram de pronto que pesquisar num ambiente controlado não poderia ser pior que ter de lutar contra as agruras acadêmicas, a falta de verbas e as aulas entediantes. Cada qual imaginava certa linha de investigação, porém sem muito rigor e sem qualquer angústia. Afinal, tinham toda a vida pela frente, como se costuma dizer. E uma vida a viver no luxuoso anexo da Universidade, ao lado do zoológico, com seu belo gramado e árvores floridas, não parecia um peso de que a gente se tenha de livrar o quanto antes. Não, em absoluto. Os dois sentiam poder esperar a Grande Inspiração sossegadamente. E, quem sabe, fosse bom que esta não se apressasse a chegar, pois o contrato não dizia nada a respeito da permanência de ex-gênios no Projeto P.

Como foi que o encantamento com o futuro comum transformou-se em encantamento recíproco e como as mãos, muito antes dos olhos e do pensamento, transmitiram a permissão para que as bocas se encontrassem, isto eles nunca souberam exatamente. As mãos fizeram então outras coisas sábias, arrastando novas partes do corpo em solidariedade. Foi quando, perdida a noção de tempo e seriamente comprometida a de espaço, ouviu-se a voz de Ricardo, que os chamava do outro lado do córrego.

— Píter, Estela! O professor me pediu para encontrá-los. Hora do chá.

— Você interrompeu porque ficou enciumado — acusou Estela o gordo senhor — não havia chá algum.

Este defendeu-se como pôde.

— Juro, Estela. Foi Nigrius quem me mandou. A história do chá foi uma inspiração desesperada, quando percebi que os incomodava em grau supremo. Não sabia o que dizer. Pensando bem, nosso ambiente controlado era muito mais controlado do que podíamos imaginar. Acho que Nigrius não tinha nada contra namorarmos, só não queria que namorássemos em paz.

Estela fora a primeira a sentir nos ombros o bafo quente de

A INFÂNCIA DE ADÃO e outras ficções freudianas

uma inspiração. Oh, não a Grande Inspiração, como ela facilmente admitia para si mesma na época, senão uma inspiração média e extremamente duvidosa, que lhe despertou certa desconfiança natural. Ela dedicava-se a estudar o mecanismo genético de produção do câncer, como tantos outros biólogos e geneticistas da época. Mas não foi numa revista especializada que encontrou a referência, e sim num relatório do Departamento de Zoologia da universidade, perdido numa das pastas do arquivo departamental que andava compulsando. Como se sabe, as serpentes têm hábitos alimentares muito estritos. Nunca comem animais mortos e é preciso alimentá-las com vítimas vivas e móveis, para que exerçam sua imemorial função paralisante. Ora, certa vez, por um descuido lamentável, referia o relatório, em meio aos ratinhos atirados habitualmente às cobras do zôo, algum sonolento funcionário havia incluído um musaranho — que parece um rato mas não é. Tanto não é que, ao verificarem a vitrina da cascavel no dia seguinte, apenas encontraram os restos mortais da própria víbora, enquanto o musaranho corria feliz de um lado para outro, esperando talvez que lhe servissem outra cascavel para o desjejum.

O relatório não precisava o destino dado ao distraído funcionário — Estela suspeitava de que o tivessem lançado ao musaranho, em lugar de outra cascavel, o que de seu ponto de vista estaria plenamente justificado —, mas o fato despertara considerável interesse do Departamento de Zoologia. Empenharam-se em desenvolver cepas mais e mais agressivas de musaranhos. Para acelerar o processo de mutação, dando chance maior às variedades do destino, experimentaram, entre outras coisas, irradiar moderadamente as gônadas dos animais. Como resultado de mutação induzida e cruzamentos seletivos, obtiveram indivíduos de extrema voracidade e ferocidade equivalente.

Entretanto, rezava o relatório, a experiência chegara a um fim abrupto. Segundo Estela pôde deduzir por alusões muito indiretas, dois fatos, um improvável, outro quase inevitável, vieram encerrar a experiência. Surpreendentemente, a linhagem final de animais mutantes, além de inacreditavelmente agressiva, parecia ser também insuscetível a sofrer novas mutações. Mais, desenvolvera tolerância a altíssimas doses de radiação, tanto no tecido reprodutor, quanto nos demais tecidos do corpo. Provaram, rotineiramente, várias substâncias carcinogênicas nos musaranhos; porém, era como se estivessem vacinados contra alterações celulares, ou houvessem chegado ao fim do caminho mutacional: simplesmente os bichos não respondiam a estímulo algum. O outro acontecimento, este previsibilíssimo, foi o exército ser tomado de alto interesse pela pesquisa, declarando-a de interesse prioritário para a segurança nacional. Numa palavra, os animais da última linhagem, que não eram tantos afinal, foram requisitados pelos militares. Alistaram-nos. Junto com o pessoal diretamente envolvido na investigação e todo o material pertinente ao projeto musaranho, é lógico.

A imagem de um pelotão de soldados altamente agressivos e, quem sabe, imunes aos efeitos da radiação assombrou o espírito de Estela. Perguntava-se o que os militares pretendiam fazer: injetar re-crutas com extrato de musaranho ou tentar submetê-los a mutações controladas? Fosse como fosse, haver encontrado uma cópia do rela-tório da experiência no arquivo de seu departamento parecia a Estela uma sorte incomum. Uma discreta visita ao chefe do Departamento de Zoologia confirmou a autenticidade do relatório, bem como a im-possibilidade prática de conseguir maiores indicações sobre o destino dos preciosos animaizinhos. O professor acolhera-a bem, mas insisti-ra em que devolvesse a cópia do relatório imediatamente e que não voltasse a mencionar o assunto. Naqueles tempos, o respeito à instituição militar era considerável. O medo também.

— Sentia-me bafejada pela fortuna — comentou Estela aos velhos amigos —, mas seria mais apropriado dizer que fui rudemente varrida pelo sopro de Deus numa direção altamente discutível.

— É claro que o toque da Graça Divina teve seu preço. Como não me era permitido dar ou pedir explicações, o fato de viver cercada de musaranhos colocou-me numa situação embaraçosa entre os cole-gas. Não achei divertido ser apelidada de Rainha dos Roedores. E mesmo vocês assim me chamavam pelas costas.

— Pelas costas e pela frente, meu amor. — Acrescentou Ricardo, estourando de rir. — Já esqueceu nosso passeio no lago? Disse-lhe na cara. Acho mesmo que foi por isso que não me casei com você. Não queria que meus filhos fossem camundongos.

A INFÂNCIA DE ADÃO e outras ficções freudianas 131

— Musaranhos, seu cafajeste. Nem sequer um roedor. E você não teve coragem de dizer baixezas no barco. Senão, eu o teria empurrado pela borda.

Estela dizia a verdade. Naquela tarde, apelidos jocosos teriam sido inoportunos. De um lado, o cenário era demasiado romântico. O barco deslizava mansamente, impelido pela viragem. As margens do lago, cobertas de flores primaveris, e as poucas casas de campo, cada qual com seu pequeno cais particular, compunham o cenário convencional para uma declaração de amor — ou para um pedido de casamento, pensava Ricardo de mau-humor. Como dizer-lhe que não haverá pedido algum?

Durante os últimos três anos, Ricardo, agora já com seus trinta e cinco anos, um pouco calvo e nada esguio, havia-se encontrado assiduamente com Estela, dentro e fora do edifício da Universidade. Dentro, bisbilhotava sem grande sucesso a investigação da namorada. Fora, partilhavam noites de rápido amor e longas conversas, geralmente no apartamento dela, na cidade velha. Ele adorava aquela jovem já não tão jovem, séria, perspicaz e sempre irônica. Havia algum mistério no desenvolvimento de sua pesquisa; mas, por experiência própria, Ricardo sabia que nem tudo se pode confessar no reino puro das ciências.

Ele próprio também fora recentemente agraciado com uma pitada de Graça Divina. Em seu caso, porém, fora o próprio professor Nigrius quem a dispensara, sob forma direta e confidencial. O chefe do Projeto P. chamara-o à sua sala e entregara-lhe um pequeno maço de documentos para examinar.

— Eu já olhei tudo isso, Ricardo. Mas você é físico e eu não. Você sabe que dou assessoria aos nossos amigos militares. É uma das condições para dispor da verba que toca este Projeto. Outro dia, um conhecido altamente colocado pediu-me para dar um palpite nesta coisa. Parece que alguém, do outro lado da rua, ao norte mais precisamente, anda muito interessado em propulsão estelar. É uma hipótese complicadíssima, pelo menos para mim. Algo a ver com tensões espaciais pseudo-tópicas. Se entendi bem, é possível mover um corpo no espaço apenas valendo-se da diferença da energia potencial inerente a lugares distintos da curva espaço-temporal. Sempre pensei que isso fosse simplesmente a lei da gravitação, mas é coisa diferente. Mexe com teoria da relatividade e com algo mais do mesmo gênero. Mas a teoria da relatividade não se presta ainda para fins práticos, não é mesmo?

Ricardo concordou polidamente. Velocidades relativísticas não possuíam grande interesse militar, com efeito. Porém, a ciência nem sempre se resume ao interesse militar.

— Claro, de acordo — prosseguiu Nigrius. — O diabo é que, se nossos espiões não enlouqueceram, eles já estão chegando perto de um protótipo. Um protótipo de que, gostaria de saber. Mesmo sem ser especialista, é fácil ver que esses papéis são extremamente vagos e a análise que há aqui não passa da visão de um reles engenheiro aeronáutico a respeito do conteúdo da lata de lixo de um gênio. Pode não ser nada. Mas você me faria o favor de trabalhar um pouco a idéia?

Não lhe agradara o pensamento de se apossar inescrupulosamente do projeto alheio, ainda que inimigo, mas Ricardo — diga-se isso a seu favor — realmente não tinha opção. E em menos de um semestre, subitamente a luz se fez.

Todavia, o conceito de Propulsão Referencial, quando ele o estabeleceu pela primeira vez, não seria suficiente nem para empurrar um elétron para fora de sua órbita, muito menos para construir um protótipo de nave espacial. Ademais, e isso o consolava um pouco do plágio, sua idéia poderia não ser exatamente a mesma do ignorado cientista estrangeiro — muito embora, por honestidade devesse confessar a si próprio, ele nunca houvesse trilhado o caminho extravagante que percorrera, sem o decisivo empurrão daqueles odiados papéis. Era plágio sua teoria, mas parecia diversa, conquanto, vista de outro ângulo, fosse a mesma coisa. Infernal!

Não havia como deixar de pôr Nigrius a par das conclusões. Ele não lhe pareceu grandemente impressionado. Já não tinha pressa. Alguma coisa ocorrera no outro lado da rua — ele divertia-se com os ridículos eufemismos militares. Aparentemente o inquilino genial havia sido rudemente despejado. Fosse porque falhara o protótipo, fosse porque subira alguém no lugar de outra pessoa, a qual teria baixado alguns palmos sob o chão, o fato é que tanto os militares de lá como os de cá haviam perdido todo o interesse pela propulsão estelar. Talvez, ao fim de contas, esperassem fabricar uma nova bomba a partir do mesmo princípio e se tivessem desiludido. Nigrius aconselhara-o a esquecer a história. Quanto ao conceito de Propulsão

A INFÂNCIA DE ADÃO E OUTRAS FICÇÕES FREUDIANAS 133

Referencial, tampouco via futuro nele. Que Ricardo procedesse à sua vontade, porém. A liberdade era um princípio sério e válido no seio do Projeto P. Com a gema nas mãos, mas tendo ainda de fabricar a jóia, Ricardo lançou-se decididamente à investigação teórica. Escasseava um pouco o tempo dedicado a Estela. Esta, no entanto, não se ressentia. Estava atulhada de bichos e de trabalho. Uma vez por semana, pelo menos, encontravam tempo para uma noite de moderada paixão. Só não falavam mais das próprias investigações. A estrutura do Projeto P., aliás, em nada facilitava confidências e avaliações recíprocas. Os três amigos formavam uma espécie de célula operacional. Seus resultados eram comunicados a Nigrius diretamente. Suspeitava Ricardo que outros grupos de cientistas heterogêneos estivessem simultaneamente a desenvolver suas pesquisas noutros lugares. Em grupos de três, talvez. Mas não podia estar certo. Deveria ocorrer algum tipo de avaliação comparativa entre eles, dentro de cada célula e entre as células diferentes. Ricardo preocupava-se com os progressos de Estela, mas muito mais com os de Píter, sempre calado, sempre misterioso.

O avanço de sua teoria não lhe proporcionava confiança alguma. De início, a idéia fora plenamente convincente. Uma inspiração, ainda que de empréstimo. Agora, com mais vagar e profundidade, a Propulsão Referencial ameaçava perder-se no labirinto penumbroso que mediava entre a física quântica e a cosmologia relativística.

E foi assim que a repentina promoção de Píter a subdiretor do Projeto P. caiu como uma bomba em seus sonhos. Ele devia ter chegado primeiro. Via-se, e via a amada, praticamente no olho da rua. Não numa rua deserta e lamacenta, por certo. Ele não descurara totalmente de suas ligações mais convencionais com a Universidade. Ensinava uma vez por semana no curso de graduação, com licença do Projeto. Porém, a perspectiva de um regime de dedicação integral à Universidade, dedicação às aulas, aos alunos e às provas de fim de semestre — não, esse fim inglório, jamais! Dois salários de professor podiam alimentar duas bocas, sem dúvida, talvez três ou quatro. Entretanto, a idéia de um lar, com um par de lindos pimpolhos a azucrinar-lhe os ouvidos, não entrava em absoluto em seus sonhos de grandeza, reconhecia agora.

E o pior. Ricardo suspeitava que Píter nunca lhe tivesse perdoado o roubo de Estela. Pois não fora simplesmente a inexistente cerimônia do chá. Ele se havia empenhado com resolução em inviabilizar o namoro nascente entre os dois. Literalmente, havia roubado Estela, quase tanto como Páris roubara Helena e agora Menelau fora promovido a chefe, ou subchefe, o que dava no mesmo. Como seria a vingança de um filósofo frustrado? — pensava com seus botões. E tais idéias, tanto quanto o vento da tarde, impeliam o barco de seus pensamentos. Fora ele quem propusera o passeio, a fim de contar com uma oportunidade para a conversa fatal, quem sabe até para se obrigar a falar, pois não haveria onde esconder-se. Depois de uma dezena de voltas em 8, com o pequenino laser, estavam os dois sentados a ré, a corda meio solta, só com vela bastante para continuar navegando lentamente. Ricardo ponderava em silêncio como a propulsão a vento era mais sólida que a referencial, enquanto Estela admirava a esteira que ia deixando o barco, pegadas n'água, sem futuro nem passado.

— Como foi mesmo que eu lhe disse, Estela? Já não lembro. Só me recordo que me sentia como o sujeito que, ao receber seu mapa astral, descobriu que tinha como ascendente um buraco negro.

— Pois eu me lembro perfeitamente. E você corria o risco de enrolar-se no mastro, tantas voltas dava à conversa. Entre os porém e os talvez, você procurou convencer-me de que seria prematuro o casamento àquela altura, justamente quando estávamos prestes a realizar grandes descobertas. Acho que foi um choque para você ver que eu concordava em absoluto com a idéia. Eu gostava de brincar com a fantasia de casamento, era um assunto divertido para encher nossas noites, mas nunca pensara a sério em transformar nossa bela amizade numa guerra de fronteiras. Além disso, eu estava ainda mais assustada que você com os progressos do Píter. E um pouco com os seus. Seria eu o único fracasso do grupo? Meus musaranhos não me haviam ensinado nada de importante até então. O extraordinário é que, provavelmente de puro alívio, você acabou por abrir o jogo — prosseguiu Estela — foi a primeira visão bilateral que tive do Projeto, ali sentada no laser, ante a ruína de meu casamento e de meus melhores sonhos. A natureza de sua inspiração ainda permanecia oculta, mas pude apreciar como certa ironia se infiltrava em nossas ambições, mesmo sem identificar a origem. Se eu fosse me-

A INFÂNCIA DE ADÃO e outras ficções freudianas

nos ingênua, na flor de meus trinta anos, deveria ter desconfiado do que o destino me preparava.

Ricardo brincava com a trave do leme, fazendo o barquinho dançar de um lado para outro, lentamente. Sentia-se realmente aliviado. Era como se o sol tivesse voltado a brilhar sobre o lago. De pura alegria e gratidão pelo peso que ela lhe permitira desalojar do espírito, falava sem parar. Talvez preferisse ficar em assuntos menos íntimos, para prevenir uma recaída nas perspectivas matrimoniais.

— O modelo mais simples da Propulsão Referencial é o seguinte. Imagine que, no espaço, colidem dois corpos de dimensões muito diversas. Uma pulga e uma geladeira, digamos. Se o referencial do observador é solidário ao da geladeira, ele assistirá a um choque muito pequeno, pois a pulga bateu na geladeira. Se suas coordenadas coincidirem com as da pulga, ele verá uma geladeira avançando sobre ela. Suponha um espaço bem comportado, onde o movimento só depende de onde estão centrados os eixos cartesianos. Segundo a escolha feita, a quantidade de movimento, no instante do impacto, será completamente diversa, o que simplesmente não faz sentido. Agora, imagine um espaço onde isso faça sentido, ainda que em dimensões muito especiais e sob estranhas condições. Alterando o eixo de observação poderíamos gerar uma quantidade de energia maior ou menor do mesmo evento...

Estela ouvia-o boquiaberta. Não era preciso entender de física para compreender a maluquice da idéia. Todos os seus sentidos gritavam contra a arbitrariedade de se alterarem valores físicos concretos, por mera translação do interesse pessoal do observador. Por outro lado, ela também havia aprendido que os fenômenos no espaço podem de fato ser definidos segundo eixos mutáveis. Democracia dos pontos de vista. Herança da Revolução Francesa. E uma geladeira em movimento é mais imponente que uma pulga, sem sombra de dúvida. A coitada da pulga passaria por maus bocados, se Ricardo — que outro poderia ser o observador? — nela fixasse seu referencial até o momento do impacto inelástico. Logo, caso se pudesse medir o resultado concreto de uma colisão como essa, seria também possível saber "na realidade" quem se estava a mover? Mas, pensando assim, o espaço teria adquirido um referencial absoluto: o ponto de vista a partir do qual pulga e geladeira se deslocariam com velocidades absolutas, capazes de gerar o efeito energético observado.

Ricardo continuava a explicar. O paradoxo ia-se transformando num raciocínio matemático e o raciocínio, em hipótese física. Ela já se esquecera da proposta de descasamento preventivo. Tampouco escutava Ricardo com atenção, pois estava mergulhada em reflexões sobre sua própria pesquisa. Nunca havia conseguido apoderar-se dos musaranhos encantados, resistentes a estímulos carcinogênicos. A hipótese mais plausível a que chegara, até aquele ponto, era que os animais houvessem desenvolvido uma variante muito particular dos conhecidos genes neoplásico-supressores, por efeito da excessiva pressão mutacional. Sendo-lhe privado o acesso aos espécimes, todavia, tudo o que podia fazer era dissecar geneticamente seus parentes distantes, em busca de algum sinal predisponente a tão fantástica mutação.

Escutando Ricardo, porém, ela começava a perguntar-se se sua hipótese de trabalho não seria tão alucinada quanto a dele. A diferença era que ela estava imersa numa pesquisa minuciosa, em busca de pequenos indícios do gene miraculoso, enquanto ele sonhava acordado com uma extravagante fantasia topológica sobre o comportamento de geladeiras e pulgas — mas agora já estava falando de partículas subatômicas de massa diferente. Para onde se estariam encaminhando os dois? Ela, pelo menos, consolava-se, tinha a garantia da pesquisa alheia; ele trabalhava às cegas, pelo visto.

Não obstante, contrariando as expectativas de Estela, foi Ricardo o primeiro a provar a justeza do caminho escolhido. Menos de três anos após o passeio no lago, ele pronunciava sua famosa conferência intitulada Física Quântica e Topologia, na qual propunha as bases teóricas do Propulsor Referencial — o nome fora mantido por uma espécie de apego histórico-biográfico pouco compreensível para os ouvintes, embora já se tratasse, na realidade, de algo bem diferente da idéia original. E a rota das estrelas abria-se para o homem.

Para Estela, seriam ainda precisos vinte anos de labuta, até que sua obsessão por musaranhos rendesse dividendos. O P78, gene descoberto inicialmente em gônadas irradiadas de musaranhos, levou-a, não à cura do câncer, mas à construção, por meio de engenharia genética, do primeiro vírus supressor da degeneração celular. O que, em matéria de abrir portas, abria nada menos que a da eterna fantasia de longevidade ilimitada. Auxiliar indispensável, aliás, para qualquer futuro projeto de viagens espaciais verdadeiramente ambiciosas.

A INFÂNCIA DE ADÃO e outras ficções freudianas   137

— Estranho como a gente pode ficar cega às evidências. — Estela dirigia-se agora a Píter. — Muito depois de haver encontrado o P78, muito depois de constatar que ele existe em qualquer vertebrado, eu ainda acreditava que os musaranhos tivessem uma importância especial em minha descoberta.

— E tiveram. Se você não houvesse esgotado as possibilidades genéticas de um só animal e não conduzisse uma só linha de investigação, por quase trinta anos, provavelmente não teria chegado a nada. O musaranho era um objeto tão bom quando outro qualquer.

— É verdade. Mas caí no ridículo ao publicar um artigo sobre a relação entre exteriorização da agressividade e recuperação celular. E isso, anos depois do livro sobre os vírus protetores. O velho Nigrius trabalhou bem demais. Você acha que ele havia calculado tudo, desde o começo?

Píter mirou-a com carinho. A velha dama escondia a moça vivaz de sua recordação. Ou seria o contrário? Estela, quando moça, já continha em seu íntimo essa velhinha ágil, vivaz, mas obstinada. Como dizer-lhe o quanto ainda a amava e como esse amor o impelira? Pois aquilo que amara ainda estava ali, intocado pelo tempo.

Haviam sido anos amargurados aqueles. Ele acompanhara, impotente e obcecado, o romance entre os dois colegas. Sua timidez o impedia de lutar, mas o outro lado da timidez, a imaginação perscrutadora, não lhe dava sossego. Era um investigador, logo investigava a felicidade dos amantes. Adivinhara, provavelmente antes de qualquer dos dois, quando o companheirismo se havia convertido em amor e o momento preciso em que este se consumara. Tampouco surpreendeu-se em não os ver casados, confiava inteiramente no egocentrismo de Ricardo e na cega concentração de Estela.

Mesmo assim, não podia deixar de vigiá-los. Descurando de seus próprios projetos epistemológicos, dedicava-se integralmente a acompanhar as pesquisas dos dois, já que não tinha como segui-los aos encontros amorosos. Muita diplomacia e algumas artimanhas foram necessárias para convencer Nigrius a permitir-lhe acesso aos periódicos relatórios de pesquisa que davam conta dos progressos dos colegas. A explicação oficial era plausível: estava interessado no processo heurístico, e que campo melhor para o investigar que o de dois pesquisadores brilhantes, em fase de delineamento da própria área de investigação?

Nigrius relutara muito. Por fim, concordara com ressalvas. Ninguém, muito menos os interessados, poderia saber de nada. Além do mais, ele, Nigrius, pessoalmente havia de selecionar os relatórios que lhe seriam entregues. E não os originais, mas cópias transcritas e porventura censuradas. O segredo era a alma do negócio, também no Projeto P.

Foi assim que, a cada três meses, Píter via-se diante de notas esparsas, às vezes quase incompreensíveis. E foi também assim que começou a alimentar certas suspeitas sobre a impostura monumental.

Primeiro, muito devagar se foram formando dúvidas sobre a sanidade mental de Estela. Para seu horror, porque realmente torcia por ela, sua perdida amada parecia haver enfiado na cabeça que a dissecção genética de um bichinho inexpressivo podia trazer mais luz à biologia humana que o estudo do *Homo sapiens sapiens*. Levantando um indício aqui, outro acolá, acabou por delimitar a natureza da causa, ao cabo de um ano. Alguém havia descoberto qualquer coisa de sensacional, manipulando mutações em musaranhos. Entretanto, todas as tentativas de determinar quem e quando davam sistematicamente num beco sem saída. Conseguiu chegar até o professor do Departamento de Zoologia, que lhe negou taxativamente ter conhecimento do caso. "Musaranhos? É verdade, temos fornecido alguns à Dra. Estela. Não sei para que, nem me interessa."

Suas suspeitas, porém, assumiram proporções verdadeiramente preocupantes quando conseguiu traduzir em miúdos algumas das idéias de Ricardo. Não era plausível que os dois houvessem enlouquecido simultaneamente. A Propulsão Referencial era, com toda certeza, uma noção fantástica, para não dizer ridícula. O pior é que também ali encontrara menções indiretas a uma pesquisa anterior bem-sucedida. Estaria louco ele mesmo? Louco de ciúme? Desejoso de os ver fracassados e miseráveis?

O interessante é que, tendo confessado suas dúvidas a Nigrius, este o incentivara a prosseguir na pesquisa, ao invés de mandá-lo ver um psiquiatra. E, um mês depois, promovia-o inesperadamente a Subdiretor do Projeto P.

— Claro como água, Estela. Todos nós pensávamos em P. de Projeto. Quando Nigrius passou-me a direção, meses depois da conferência de Ricardo, teve de confessar que era P. de Piltdown. O

A INFÂNCIA DE ADÃO e outras ficções freudianas

santo padroeiro da trapaça, o presumível ancestral do *Homo scientificus vulgaris*. Ele ria muito ao me contar. Vocês sabiam que a farsa do homem de Piltdown sustentou-se por mais de quarenta anos? Em 1912, o crânio foi apresentado ao mundo científico, junto com outros fósseis encontrados em Piltdown, na Inglaterra. Era a prova perfeita das teorias de Darwin, o elo perdido entre o macaco e o homem. Naquela época, havia uma corrida ensandecida para o descobrir; e eis que aparece, logo na Inglaterra. Que magnífica primazia, como o destino escolhe bem seus agentes! Depois, aos poucos foram desenterrados outros fósseis humanos e pré-humanos, mas nenhum como o H. P. Lógico. Em 54, provou-se que o crânio era moderno, apenas completado com uma mandíbula de orangotango, meticulosamente trabalhada por algum dentista. Enquanto o do Pitecantropo, por exemplo, só se conheciam restos esparsos, na época. A verdade não tinha condições de competir com a impostura.

— Nigrius alimentava o maior respeito pelo H. P. Ele achava que sua influência, como estímulo para a busca de restos proto-humanos, fora extremamente positiva. Ele deu forma concreta à ascendência humana, os outros pesquisadores tinham algo para buscar e a certeza de que o podiam encontrar. O resto foi só tempo e esforço.

— Disso sei eu, por experiência própria. — Estela comentou sombriamente.

— E proteção contra os desvios. Como os desvios amorosos, por exemplo — anuiu Ricardo. — Quantas vezes ele nos empurrou uns contra os outros. E de quantas maneiras. Nunca saímos de sua órbita, nem deixamos de circular entre nós. Com raiva, com amor. Fico imaginando o que ele fazia com os outros grupos.

— Que outros grupos, Píter? Nunca houve nenhum outro, só vocês três. Acha que temos dinheiro sobrando para maluquices?— Nigrius parecia honestamente surpreso com a pergunta, quase se levantou da bergère, ao lado da lareira.

Píter sentiu-se levemente ridículo. É verdade que a promoção a Diretor-Chefe do Projeto P. não se podia tomar ao pé da letra. Sua nova posição, após cinco anos como Subdiretor, era parte do próprio Projeto, um meandro a mais dentro do labirinto. Nigrius estava velho, é certo, mas não sonhava abandonar o experimento enquanto respirasse. Como subchefe, seus deveres se haviam restringido a compulsar as pastas dos outros dois colegas, já sem qualquer censura e no original. Então compreendera a natureza da experiência e não ignorava que sua recente nomeação se constituía apenas num recurso estratégico. Estela, que se havia sentido tão pressionada por sua nomeação anterior, ficaria agora desesperada para produzir alguma coisa de relevante, máxime depois do sucesso de Ricardo. Nigrius queria os resultados em vida, nada mais lhe importava, até aí Píter podia entender. Porém, perceber de chofre que a idéia de um Projeto amplo, subdividido em equipes infatigavelmente controladas, cujos resultados estariam sendo cotejados por administradores em vários escalões hierárquicos, admitir que a idéia de uma estrutura de investigação lhes fora inculcada, ou pior, que era antes fruto de um mito criado por ele mesmos — isso já era demais.

Fora então que, pela primeira vez, Nigrius aceitou dar-lhe alguma explicação. Apresentou-lhe o Projeto como uma reedição do embuste de Piltdown. Todavia, ele mesmo não empregava o termo embuste. Ao contrário, segundo ele, se embuste houvera, fora a teoria mesma da evolução das espécies.

— Mas esta foi comprovada, Professor. Ou o senhor é religioso e não pode aceitar que...

Nigrius afastou a objeção ridícula com seu eterno gesto de espanta-mosca.

— É claro que foi comprovada, meu amigo. Este é o embuste. E vou dizer-lhe por quê. A comprovação de uma teoria significa que se encontrou a chave que abre certa fechadura. Porém, o verdadeiro trabalho é construir a fechadura e colocá-la na porta. Confeccionar a chave é relativamente fácil depois. Já pensou no trabalho necessário para convencer a humanidade a pensar por gênero e espécie, a conceber a natureza como um conjunto de espécies e incluir-se entre elas, em pé de igualdade com as amebas? E a noção de que o mais relevante cientificamente é que uma coisa se transforme noutra, quanto esforço custou?

— Bem, creio que assim se constrói o conhecimento.

— Exatamente. Tem razão. O conhecimento constrói-se pelo fechamento de portas.

— Não era isso que eu queria dizer, Professor.

— Mas é o que estou dizendo. Quantas outras formas de pen-

A INFÂNCIA DE ADÃO E OUTRAS FICÇÕES FREUDIANAS   141

sar foram fechadas para que pudéssemos pensar apenas desta. O homem é um inventor de fechaduras, que premia quem, por acaso, as consegue abrir. Você conhece a fábula do escorpião e do sapo? — Claro. O escorpião quer atravessar um rio e pede que o sapo o transporte às costas. Ele teme ser picado, mas o escorpião prova-lhe, logicamente, que se o picar morre também. O sapo aceita, é ferroado. Ao submergirem, diz o escorpião: "desculpe, mas é minha natureza". Moral: a lógica não suplanta o instinto. Ou talvez: olhe bem quem está subindo em suas costas. — Bravo. Agora deixe-me contar-lhe a do escorpião e da tartaruga. Seria presumivelmente um dos sobrinhos daquele infeliz escorpião que não teve tempo de deixar descendência. Certa vez, à beira do mesmo rio, não encontrando um sapo sequer para servir-lhe de embarcação — pois todos haviam ido ao funeral do primo, cerimônia tocante entre os anfíbios —, abordou uma tartaruga que nadava placidamente: "Me leva para o outro lado?". A tartaruga quase se afogou de tanto rir. "Imagine. Depois do que seu tio fez com o pobre do sapo?" Mas o escorpião insistia e insistia. Argumentou com a teoria da impossibilidade lógica. Lembrou seu próprio instinto de sobrevivência. Perorou com a experiência. Ele também pranteava um parente, afinal de contas. Tanto falou que a tartaruga, já cansada, se dispôs a dar-lhe a tal carona.

No meio do rio, vap!, enfia-lhe o aguilhão com toda a força nas costas. A tartaruga grita assustada. "Que está fazendo? Você prometeu." "Sinto muito", repetiu ele sem muita inspiração, "mas picar faz parte de minha natureza. Estou preparado para morrer." "Disso eu sei. Só que é da minha natureza ter uma carapaça de dois centímetros de espessura, imbecil. Senão, acha que o deixaria subir? Tire logo esse ferrão daí."

O escorpião fez força, puxou, torceu, mas o ferrão estava bem cravado e não queria sair. Um tanto ruborizado — imagine um escorpião vermelho de vergonha —, desculpou-se: "Mil perdões, madame, não dá. Que fazemos agora?". "Você, não sei", respondeu de mau humor a tartaruga, "eu vou continuar nadando." E foi assim que o escorpião ficou morando em cima da tartaruga, que nadava de um lado para o outro do rio, em sua faina evolucionária natural. Com o passar do tempo, ficaram amigos. A tartaruga montou um serviço de transporte fluvial e, com seu primeiro pagamento, comprou para o escorpião um bonezinho de capitão de navio. Encarapitado em suas costas, ele gritava: "Três graus a estibordo. À frente, a meia-força!" E foram felizes para sempre.

Em nosso caso, o escorpião pode representar a mentira, a tartaruga, a verdade. Claro que a mentira pode matar a verdade, mas a verdade em si não monta qualquer negócio. Se uma mentira injeta seu veneno sem matar a verdade, ficam ambas grudadas e têm de aprender a conviver. Este ser híbrido, o escorpião sobre a tartaruga, a mentira cravada na verdade, é o que chamamos de conhecimento.

Píter queria dar-lhe uma resposta venenosa, porém, àquela altura, Ricardo já havia realizado sua descoberta. Ele ficou mudo e reflexivo.

Como resultado dessa reflexão, sua teoria do Paradoxo Invertido talvez tenha sido a primeira epistemologia verdadeiramente séria deste século. As outras limitavam-se a justificar aquilo que todos faziam, segundo critérios que nenhum descobridor havia de fato aplicado. Se alguém tentasse descobrir o caminho de casa, seguindo os passos da metodologia científica convencional, ou de qualquer outra receita epistemológica vigente, haveria de parar do outro lado da cidade, possivelmente no fundo do rio. Já o Paradoxo Invertido não garantia contra enganos — enganar-se ou não nada tem a ver com o desenvolvimento das ciências. Em compensação, sempre produzia algo de novo.

Seus princípios cardeais, tal como aparecem numa versão apócrifa do manual do candidato a bolsista da Universidade Federal, são aproximadamente os seguintes. Dada uma proposição que você considera suficientemente sólida para nela apostar sua reputação e a bolsa de estudos, tente reunir todas as alternativas que ela exclui. Essas alternativas determinarão, prima fácies, o campo de sentido de sua proposição. Em seguida, considere o paradoxo criado. Se todas as alternativas são tão boas quanto sua proposição original, por que você a sustentaria? E mais, se o único sentido válido de sua proposição é o de pertencer ao campo que a desmente, para que mesmo vai pedir a bolsa? Por fim, inverta o paradoxo. Procure um bom exemplo empírico que desminta taxativamente o campo de sentidos criado, um caso pelo menos que escape, tanto da proposição

A INFÂNCIA DE ADÃO E OUTRAS FICÇÕES FREUDIANAS 143

original, quanto de todas as outras explicações alternativas, e o teorize. Se não conseguir encontrar nenhum exemplo desviante, peça a um amigo de confiança para inventar um para você — um inimigo ficaria demasiado satisfeito em fazê-lo e você não suportaria seu risinho de superioridade. Antes de recomeçar o mesmo processo com a nova proposição, não se esqueça de pedir a bolsa — mas nunca a peça antes da primeira reversão. Dois resultados são esperados. As sucessivas reversões podem levá-lo a algum conhecimento insuspeitado; tampouco é impossível que receba a bolsa. E termina com a seguinte sentença, enigmática para os não-iniciados: "Nunca se esqueça de que toda tartaruga que se preze traz seu escorpião às costas."

A ceia chegara ao fim. Haviam passado à sala, onde bebericavam o café recém-saído da máquina. Píter acendeu um longo e esguio Panatela, e afundou ainda mais na poltrona, o balão de Martell girando lentamente na mão direita.

— Não, meus amigos. Nunca consegui perdoar o professor. Ele nos condenou a uma convivência impossível. Fez-me passar pelo purgatório do ciúme e da solidão, mas, afinal, isso também foi culpa minha. Mesmo o fato de nos ter manipulado com seus escorpiões eu aceitaria, caso pudesse acreditar que ele tinha alguma idéia de onde chegaríamos. Mas o projeto musaranho poderia ter levado Estela literalmente a qualquer parte, ou a parte alguma. E o protótipo estelar? Coisa mais ridícula. Não entendo como você pôde acreditar nessa impostura um minuto sequer, Ricardo.

— Por outro lado — continuou —, eu, que o conheci melhor que vocês, também seria capaz de desculpá-lo, caso ele não tivesse qualquer outra intenção, à parte criar o mais absurdo dos experimentos heurísticos, caso pretendesse apenas estudar as origens da criatividade. Quase todo o tempo, tal como vocês, eu também acreditava nisso. Pensando bem, mesmo hoje não posso ter certeza do contrário. É impossível que houvesse calculado com tamanha precisão os resultados. Os frutos de um enxerto de mentira são literalmente imprevisíveis.

— Isso está, aliás, na minha teoria do Paradoxo Invertido. Vocês hão de admitir que meu método é provavelmente até mais importante para uma futura viagem espacial, longa de centenas de anos, que a eventual longevidade que seu P78 possa trazer algum dia, Estela, e que não nos beneficiará pessoalmente. Mais importante mesmo que a Propulsão Referencial. Imaginaram um bando de astronautas, convivendo por séculos, muito seguros numa casca de ovo no espaço, mas pensando linearmente. Destruir-se-iam ao cabo de poucas décadas. Ademais, como iriam compreender o Grande Desconhecido, se não o aceitassem como o perfeito exemplo empírico do Paradoxo Invertido?

Estela pescou o último chocolatinho de menta da cesta de porcelana à sua frente.

— Ele comportou-se como o demônio, é fato. Com seu engodo, empurrou-me e ao Ricardo numa direção equivocada, para que inventássemos a verdade de sua mentira. De nós três, arrancou o tripé da exploração do espaço: propulsão, longevidade e pensamento não-linear. Você acha que Nigrius havia programado tudo dessa maneira, desde o começo?

— Não seria possível. E, justamente por ser impossível, imaginem minha surpresa e meu desespero quando ele me passou a chefia do Projeto e descobri que estivéramos sendo subsidiados o tempo todo pelo Ministério da Aeronáutica e Pesquisa Espacial. Não que custássemos grande coisa, três pesquisadores isolados.

— A teoria do Paradoxo Invertido foi uma espécie de resposta a Nigrius. Pensei que poderia levar ao absurdo suas idéias. Em vez de acaso forjado, um método. Nigrius nunca publicou uma linha: tentei conscientemente me apossar de sua criação fantástica, plagiá-lo, esmagá-lo, roubar seu lugar e sua fama. Sentia-me feroz como um musaranho diante da cascavel do almoço. Além do mais, não podia divulgar nada, enquanto vocês não tivessem publicado seus resultados. Ganhava bem, como chefe de pesquisa, e minha teoria, tinha certeza, me garantiria todo o prestígio ambicionado. Mas estava condenado ao silêncio. Já não era capaz de conviver com mais ninguém, salvo vocês. E, com vocês, não podia falar.

Ele bateu irritadamente seu charuto no cinzeiro.

— O imperdoável, no entanto, são as contradições. Ele não poderia prever, mas também é impossível que não houvesse previsto em certa medida o resultado. Ou olhem por outro ângulo. Para vocês, ofereceu iscas claramente falsas, um H. P. para cada um. E

A INFÂNCIA DE ADÃO e outras ficções freudianas 145

para mim, nada oferecia? Custei a perceber. É óbvio que me entregou vocês como isca. Das três, a maior mentira. Um gênio involuntário é coincidência. Mas dois, já é um absurdo consistente, um paradoxo invertido. No fundo, não fiz mais que os teorizar. Que outra compensação poderia encontrar? Não, Estela. O demônio não é tão esperto. Acho que o modelo de Nigrius era outro e muito pior. Aquele que escreve certo por linhas tortas. Estela pousou-lhe delicadamente a mão no braço em consolo. Ricardo já se levantava para sair. Chamou um táxi. Enquanto esperava, perguntou:

— E a cerimônia de hoje, Píter? Você disse que achava justa a escolha.

— Bem. Mereci ser indicado para a honraria. Dos três, fui o que mais sofreu. Mas ter meu nome dado ao salão nobre da Academia... É lá precisamente que se comemora o fechamento de todas as portas do saber ao mesmo tempo. É lá onde estão o escorpião e a tartaruga, empalhados. Tive uma última inspiração. Deu muito trabalho político. Mas, como diretor do extinto Projeto P., pareceu compreensível aos colegas acadêmicos o desejo de imortalizar meu antecessor. Foi a melhor vingança que pude imaginar. Pensem na cara do professor, sentado à direita do Onipotente e tramando tomar Seu lugar, obrigado a ver um punhado de velhotes como nós, que só sabem olhar para o passado, reunidos todas as quartas-feiras no dourado Salão Nigrius.

De Nossos Antecessores
(Fragmento 2)

Aquele que se aproximava da Psicanálise pelo lado da poltrona tinha já, de hábito, certa experiência nalgum tipo de terapia, ainda que apenas na psicoterapia genérica, essa que se praticava na consulta médica ou psicológica e que exigia uma escuta bastante refinada, assim como um sentido agudo do tempo interpretativo, para funcionar. Justamente por isso, ao aportar na cabeceira do divã, tendo-se submetido a uma ou a várias experiências analíticas pessoais, costumava sofrer, num primeiro momento, da premência de se distinguir de si mesmo, do terapeuta que era, convertendo-se em psicanalista. A súbita conversão cobrava seu preço. Via de regra, não sabendo bem o que fazer, o iniciante tentava interpretar. Ocorriam-lhe possibilidades de dar sentido à fala do paciente, vindas do estudo teórico, da análise pessoal, da supervisão. Tais sentidos surgiam como se fossem hipóteses alternativas; ele escolhia uma e se persuadia de sua veracidade, mercê dos efeitos de convicção inerentes ao poderoso fundo sugestivo da situação transferencial. Enunciava sua compreensão — geralmente uma explicação psicanalítica de algum tipo de padrão repetitivo do comportamento externo do analisando que, metaforicamente, se parecia estar repetindo na sessão. Por seu lado, o paciente aderia à idéia, oferecia exemplos de situações equivalentes, ou resistia à sugestão interpretativa, acusando o analista de incompreensão, por exemplo. Ambas as situações, aceitação e recusa, redundavam numa espécie de corroboração indireta da hipótese e o iniciante sossegava, ao ver confirmadas as autoridades que o sustentam.

Sob o prisma do conhecimento teórico, esperava-se geralmente do analista, nessa primeira fase do seu desenvolvimento, que soubesse reconhecer uma coleção resumida dos conceitos básicos da disciplina, aliando corretamente o nome do conceito, nome do autor, ou da escola psicanalítica de origem, e uma imagem operativa mínima. Esta última podia ser apenas uma impressão figurada, como o esboço de um desenho, ou um fragmento de material clínico ilustrativo, desde que, num caso ou no outro, as imagens do conceito possuíssem algum valor instrumental. Tal gênero de conhecimento assegurava o principiante de que se estava movendo num âmbito conhecido.

Com o passar do tempo, porém, as dúvidas reapareciam. Dava-se conta de que suas interpretações possuíam a forma inequívoca de máximas psicanalíticas, as quais, como toda máxima ou ditado, são um convite para a identificação imediata. O acúmulo dessas identificações superficiais, começava a desconfiar, não o conduzia a um conhecimento progressivo, mas só a um tecido de senso comum psicanalítico, capaz de provar, no máximo, que seu analisando era um paciente em análise. Os efeitos terapêuticos não se faziam sentir, como esperava, nem surgiam, do quadro das interpretações, um sujeito singular e uma história inédita. Era então quando voltava a pôr em prática a boa e velha intuição, treinada e sedimentada por anos de prática anterior, buscando tirar do material um sentido próprio, não a reprodução de outra interpretação, lida ou escutada. É claro que, de qualquer modo, seu trabalho já estaria melhor: menos automático, menos repetitivo, menos copiado, e sua intuição havia recebido um banho de teoria. A intuição, contudo, também tem seus percalços, como hoje reconhecemos. Eram dois os problemas agora enfrentados pelo analista. Por um lado, sendo a intuição fruto da experiência, repete-se tanto quanto esta, é um molde de roupa que cria seu próprio figurino. Por outro, a intuição de sentido emocional exige certeza — fé no taco,

A INFÂNCIA DE ADÃO E OUTRAS FICÇÕES FREUDIANAS 149

como antigamente se dizia —, varrendo de cena todos os demais sentidos que se esboçavam em sua mente. Nessa segunda fase, o analista defendia valores tais como liberdade, espontaneidade e repúdio ao convencionalismo. Não era raro que se fixasse por longo tempo, às vezes para sempre, nesse estágio de desenvolvimento, voltando a ser o terapeuta genérico que fora, com mais experiência e com maior arsenal interpretativo, entretanto.

A terceira fase do progresso de um analista, como se depreende das clássicas descrições do assim chamado período da verdade psicanalítica, consistia na recuperação da teoria. Não se tratava já de imitá-la, ou de imitar algum de seus supervisores ou analistas anteriores, senão de encontrar, dentre os múltiplos sentidos que uma certa sessão evocava, aquele que se aproximava ou harmonizava a algum conceito dos sistemas teóricos que conhecia. O trabalho interpretativo passava a corroborar a teoria e já resultava um quadro compreensível da série de interpretações, um panorama singular da vida de outrem, ao mesmo tempo que este se articulava em profundidade ao do sistema teórico que considerava ser o mais convincente. Era o momento da opção madura: escolhia uma escola, não por mera influência do grupo, mas pela harmonia entre referencial e experiência clínica. Era também quando já conseguia escrever, propor idéias pessoais, acordes aos autores prediletos, e quando, em geral, se sentia apto a ensinar e supervisionar. Observou-se também que, com regularidade bastante para constituir uma regra, os analistas que atingiam o estádio de desenvolvimento profissional de que estamos tratando experimentavam certa necessidade de retorno aos fundamentos da teoria. A maioria voltava a Freud; outros se filiavam a um dos fundadores de escola, mas com a convicção de o estar agora bem compreendendo, diferentemente dos discípulos médios que só alcançavam, a seu ver, aspectos exteriores ou palavras de ordem; aderiam ainda outros a autores críticos contemporâneos seus; mas, qualquer que fosse a opção madura, punham sua confiança nos fundamentos do processo psicanalítico, sobretudo. Por outro lado — e nisso não vai qualquer contradição — era também o período em que ele estava mais convicto da hipótese interpretativa escolhida numa sessão, ou mesmo fora da análise, em que empregava conceitos sem exigir provas de sua correção, em que aceitava a arquitetura teórica da Psicanálise sem argüir a lógica que a alicerça. Sendo a fase da opção madura, não deixava de ser também a fase da opção... O aprofundamento teórico que diferenciava a terceira da segunda fase de crescimento típico de um analista pode ser assim resumido. Na segunda fase, a do retorno à intuição, geralmente se atingia o estágio em que, ao conhecimento do nome de alguns conceitos, acrescentava-se a capacidade de os localizar na obra dos autores respectivos, no texto original. Era de esperar também que estivesse apto a reconhecer mudanças de sentido dentro da evolução de cada obra e, acima de tudo, a reconhecer as influências recíprocas das transformações conceituais: como alterações de uma noção interferem nas demais, por exemplo. Esta nova aquisição no domínio teórico não costumava ocorrer no início da segunda fase, quando sucedia, de hábito, uma recusa à leitura, mas acompanhava o princípio da desilusão com as faculdades intuitivas e facilitava o passo seguinte. Ela dominava a terceira fase, a da opção madura. O que era esperado do analista nesse estágio é que pudesse contextualizar seu conhecimento de certo autor dentro do panorama inteiro da produção psicanalítica. Os fios que ligam conceitos de sua escola predileta aos das demais tinham de ser reconhecidos com clareza, superando o obstáculo representado pelos nomes diversos que nelas recebiam. Requeria-se igualmente que conseguisse detectar os matizes clínicos associados ao uso distinto de conceitos análogos e a interdependência entre as produções dos autores, mesmo quando eles próprios as pareciam ignorar. Só uma visão organizada, ainda que rudimentar, da inteira produção psicanalítica permitia que a opção escolástica não levasse à repetição de modelos triviais ou ao puro e simples embrutecimento teórico. Para as tarefas de ensino e de escrita, em especial, a habilidade em dominar um panorama mínimo da produção psicanalítica, incluídos os elementos gerais de sua história, constituía requisito indispensável.

A quarta fase do progresso analítico de então — a qual, a julgar retrospectivamente, se constata haver sido um tanto rara — parece ter sido desencadeada pela constante multiplicidade dos sentidos possíveis de qualquer material analítico. Ao contemplar sua própria trajetória clínica, alguns analistas começavam a suspeitar de

A INFÂNCIA DE ADÃO e outras ficções freudianas 151

que os sentidos abandonados, em prol da hipótese eleita como interpretação, podiam ter igual direito a reivindicar estatuto de verdade psíquica. A essa altura da formação do analista, a crise da veracidade já tinha efeitos radicais. Alguns psicanalistas abandonavam a profissão, dedicando-se à primeira forma de arte, ciência ou filosofia que lhes oferecesse uma resposta, mesmo que muito inferior àquela de que já dispunham. Outros se tornavam céticos, argumentando para si mesmos que bastava possuir boas qualidades humanas para exercer a clínica. Havia os que davam forma geral às hipóteses interpretativas que os haviam feito escolher sistematicamente certa maneira de interpretar, transformando-se em autores psicanalíticos e fundando novas escolas. Por último, alguns analistas, compreendendo que os sentidos que se lhes iam mostrando não eram hipóteses alternativas, mas aspectos parciais de um conjunto desconhecido, debruçavam-se sobre a história do conhecimento, constatando que a Psicanálise é tão-somente o ramo adjacente de um tronco milenar e convertendo-se em pensadores da clínica, ou investigando os fundamentos filosóficos da técnica, da teoria e do método psicanalítico.

A esse grupo seleto devemos os melhores comentários sobre a obra freudiana, a criação de novas formas de psicanálise, os principais ensaios a respeito do procedimento clínico de nossa disciplina. Um exame cuidadoso da mais sólida produção dessa época revela que seus autores paradigmáticos põem em tela de juízo a natureza objetiva da alma humana. Ou seja, preferem não enfrentar diretamente as manifestações sociais, culturais, políticas e ideológicas da psique, nem suas manifestações epistêmicas ou artísticas, bem como evitam os fenômenos psicológicos e psicopatológicos da vida quotidiana; voltando sua atenção, sobretudo, à psicanálise de consultório e às teorias do psiquismo — que consideram como sistemas coerentes ou nas quais apontam contradições internas. Mas desconfiam da possibilidade de se tomar diretamente a psique como objeto de conhecimento. Repetir, como exemplo, sempre os casos freudianos constitui uma refutação prática destes, implicando não serem modelares, senão únicos. Vale dizer que tais pensadores e eruditos podem ter chegado a pressentir o fim do período da verdade psicanalítica, sem que, no entanto, ousassem estatuir a crítica em positividade de saber.

O tipo de evolução teórica que franqueava o ingresso nessa quarta fase do desenvolvimento psicanalítico tinha como característica central a capacidade de reconhecer, em cada conceito, a encarnação momentânea de idéias que tiveram muitos outros avatares, no curso da história do pensamento. Esperava-se do psicanalista que atingira tal estado culturalmente mais avançado que houvesse desenvolvido a capacidade de reconhecer as linhas principais da filosofia, das ciências humanas e naturais, em especial da literatura. Este era um requisito importante por duas razões. Em primeiro lugar, para exercer função crítica, colocando na justa perspectiva a pretensão à auto-suficiência do saber psicanalítico, que se costumava defender com o rotineiro argumento de que tão-só se fundava na prática clínica. Em segundo, para poder criar de forma coerente, o que, sem prejuízo da originalidade intrínseca ao autor, dependia de um quadro de referências que o impedisse de reinventar a roda. É difícil ampliar este tópico, concernente às peculiaridades da quarta fase, dado o número restrito dos exemplos concretos disponíveis. Não obstante tal empecilho, os requisitos acima formam um crivo mínimo, mas suficiente para a avaliação das principais contribuições da época. Com efeito, vários dos autores mais prestigiados do período que consideramos claudicaram no cumprimento desses requisitos, sofrendo suas intuições teóricas, por vezes muito inspiradoras, da carência de uma visão mais profunda da cultura, o que os levava a restringir sua produção à clínica convencional ou a repetir, inadvertidamente, idéias já exploradas com mais sucesso em obras não arroladas no cânon psicanalítico de então.

As distinções aqui estabelecidas em caráter introdutório possuem, não obstante sua superficialidade, alguma relevância para a revisão histórica no período da verdade psicanalítica, costumeiramente identificado com a segunda metade do século XX, mas que se estendeu por mais de uma década deste século. Uma forma bem conhecida de erro de paralaxe epistemológico leva os psicanalistas atuais a confundirem, numa massa homogênea, os diferentes níveis de desenvolvimento de nossos antecessores. Este é um equívoco inadmissível. As contribuições daquela época foram fundamentais para o desenvolvimento atual e, apenas se nos transportarmos em espírito ao período considerado, como propomos e tentamos realizar, teremos condição de discriminar seus matizes. É certo que a Psicanálise não se havia então instituído, senão como prática profissional, na vasta maioria dos casos. Sua posição de ciência geral da psique era tão-somente matéria de especulação, não contando ainda, por conseguinte, para a fundamentação da crítica lógico-produtiva da razão científica. Não se havia demonstrado a essência da operação psicanalítica, nem se dera a subseqüente generalização do conceito de inconsciente. No entanto, a Psicanálise era popular, reunindo em seus congressos, acredita-se, milhares de participantes. Em nossa opinião, é útil, talvez vital, recuperar a produção daqueles tempos pioneiros.

Morphée Garde Mes Rêves

Sentado à mesa do café, o Dr. Romão, Diretor Geral da Polícia de Límbia, olhava distraído a saída do zoológico, do outro lado da avenida. Um casalzinho saiu abraçado e, num certo brilho do olhar, na proximidade dos rostos — para não mencionar o gesto nervoso da moça que alisava sem parar alguma ruga inexistente no vestido —, ele quase apostaria que vinham de se beijar há pouco, por trás das árvores copadas do viveiro dos pássaros. Invadiu-o um súbito carinho pelos dois desconhecidos. E dó. Parecia ver sua própria história contada ao revés: das desoladas provocações que com certeza teriam ocupado sua velhice com Anita, à meia-idade, quando os filhos já se haviam tornado independentes e nada mais lhes restava a fazer, senão o mais antigo dos passatempos conjugais, a culinária espiritual da frustração e do rancor, em que se cozinha indefectivelmente em fogo brando. Mas, em sua memória, a meia-idade já refluía em direção à juventude, à luta pela vida, ao nascimento dos filhos. E os filhos iam minguando em direção à possibilidade de os ter, para esses beijos temerosos e previsíveis, atrás de uma árvore estrategicamente situada.

Tomando posse das imagens, organizou-as com lógica: amam-se pelo que são, mas logo não saberão que fazer do amor; vão investi-lo em trabalho, bens, filhos; mas quando a correnteza do tempo o devolver futuramente, esgotados os suportes provisórios, será com um sentido de perda e desapontamento que receberão de volta os restos do amor e, então, não o sabendo reconhecer pelo que foi, hão de pensar que é ódio e odiar-se-ão com toda a força da antiga paixão. Se o tempo fosse justo, correria ao contrário. Anita, por exemplo. Que diria ela se o visse agora, aos cinqüenta e quatro anos, apaixonado por uma moça de vinte e seis. A Anita de vinte anos, sua noiva, teria aprovado a escolha, sem dúvida. Anita estava muito mais em Lili que nela mesma; sua Anita agora era Lili, e não a mulher amarga e vingativa dos últimos anos. Tudo se passara como se Anita houvesse construído deliberadamente a própria morte, transformando em morte cada jantar, cada interesse comum, cada conversa trivial: uma longa cerimônia preparatória. Uma providência mais que divina a levara de golpe para o outro lado do ser, deixando Lili em seu lugar exato, idêntica à que fora há vinte e poucos anos. Vinte anos com Lili levariam a igual desfecho? Mas então teria mais de setenta e presumivelmente já não sentiria o desejo de buscar uma terceira esposa. Com certeza, da quarta nunca precisaria, a menos que fosse para comemorar uma centenária lua-de-mel.

Seus dedos acariciaram a barba macia e curta que começava a branquear. Decidido a afastar o pensamento malsão, bebeu um longo sorvo do Martini sequíssimo, quatro quintos de gim como sempre, e procurou concentrar-se na observação dos visitantes que deixavam o zôo, às cinco da tarde. Um rapaz saiu, com jeito estranho. Parecia estar falando sozinho, ou mais precisamente, ter estado a falar sozinho. A conversa teria sido interessante, pois seu último comentário deixara-lhe um leve sorriso de vitória nos lábios, como o de quem pronunciou a palavra final de uma discussão. Refletiu Romão: quantas vitórias fáceis a gente consegue nos embates interiores! Ter razão é nosso bem mais precioso, e sempre a temos, mesmo que para isso haja que inventar um opositor, expressamente para o derrotar. É pena que ter razão vicie tão rápido; depois, não se passa mais sem a droga: o pensamento transforma-se numa máquina de dar razão. Talvez pudesse contar sua reflexão à amiga: como boa psicóloga, ela haveria de adorar a idéia.

O rapaz parou, voltou-se e pareceu despedir-se com um aceno de alguém que ficara no portão, só que Romão não via ninguém. Seria um louco comum? Não parecia. Bonito, com frescor de ingenui-

A INFÂNCIA DE ADÃO E OUTRAS FICÇÕES FREUDIANAS

dade, pelo menos não um louco perigoso, se é que isto existe. Quem são os perigosos, como reconhecê-los? Afinal, esta era sua profissão, mas muito pouca coisa podia gabar-se de ter aprendido com ela. Apenas certa sabedoria negativa, uma pitada de ceticismo e uma mansa suspeita universal.

Nesse momento, chegou Lili, trazendo de volta a primavera. Acenou-lhe ao atravessar a rua, naquela velocidade máxima do caminhar que não deseja parecer uma corrida atrás da alma que já voa à frente. Ele sorriu-lhe encantado. Seu vestido era leve como seus passos e apressado como eles: uma seda esvoaçante, agora colada ao corpo, e desenhando-o lindamente, mas logo querendo tomar a dianteira aos passos do corpo, como se, além do corpo, vestisse também a alma voadora.

Romão rejuvenesceu dez anos — mais teria sido ridículo, admitiu — e foi com um gesto doce de professor que puxou a cadeira para que ela se sentasse. Só depois de sentada, beijou-a de leve no rosto, debruçando-se, mas as mãos souberam encontrar-se num latente aperto, muito mais forte que o beijo manifesto.

Ofereceu-lhe uma bebida. Lili pediu um Campari com laranja, trazendo à mesa o resto de primavera que ainda faltava. Olharam-se longamente, enquanto o garçom trazia a bebida rosada e um segundo Martini para ele. Tocaram os copos, ela bebericou, sem parar de lhe sorrir.

— E então, me conta, me conta. Há um mês que a gente conversa e só se fala disso na Central.

Na verdade, ela conhecia boa parte da história, porém seu prazer maior era ouvi-lo discorrer pausadamente como professor, quase um sábio. Psicóloga, Lílian Mendes estagiava na chefatura de polícia, onde, uma vez por semana, tinha aula com Romão. Este, aliás, via a si mesmo mais como professor que como delegado e diretor, e o curso era o ponto alto de sua semana. Uma dúzia de estagiários acompanhando atentos seu raciocínio sempre um pouco irônico, a psicologia do criminoso transformando-se numa geometria rigorosa, cujos teoremas, no fim das contas, podiam aplicar-se igualmente ao cidadão comum. Para desvendar um caso particular é preciso antes de tudo compreender seu pressuposto geral, a alma humana em ação, mas é impossível compreendê-la sem amor e simpatia. Mesmo a captura de um criminoso é questão de simpatia, há que pensar como ele, senti-lo na carne própria. E, entre os rostos jovens, Lili sorria para ele sonhadora, sorriam seus olhos, seus olhos castanhos, as idéias rolando macias por detrás de seus olhos castanhos... Assim começara tudo, agora ela o tinha só para si, naquela tarde de primavera, numa lição particular que já era o começo do amor que fariam depois.

— Sempre me pareceu, Lili — Romão sabia o que ela esperava e estava pronto a corresponder —, que uma investigação clássica, sherlockiana, não é simplesmente um duelo de inteligências, mas uma espécie de colaboração à distância entre criminoso e investigador. Ambos têm de partilhar da paixão pela sutileza, pela forma rigorosa. Há um momento exato para o desenlace, por exemplo. O detetive não pode descobrir muito cedo nem deve descobrir por acaso. É preciso que o criminoso se deixe apanhar como uma fruta madura, colhida naturalmente e na hora certa. A investigação não é muito diferente do crime: ambos constituem uma só criação. Oferecer as condições para que o detetive crie uma dessas obras-primas é arte também; arte menor, sem dúvida, uma arte pedagógica, questão de juntar o fermento à massa, se você me entende.

— E o senhor é perfeito nisso — apoiou-o Lili, corando levemente.

— Você conhece bem o nosso Luis Carlos. Ele é um gênio da decifração, o único gênio dedutivo completo que já vi trabalhar. Deixá-lo investigar com liberdade o caso das mulheres afogadas era simples questão de justiça. E como ele soube aproveitar a oportunidade!

— Tem razão, foi justo. Nunca vi ninguém tão inteligente.

— Há dez anos que o venho acompanhando. Quando todos querem sair prendendo o mundo, ele se recolhe para pensar e acaba chegando na frente. Dessa vez, dei-lhe o caso, sem qualquer interferência.

— E como ele o conduziu? Por favor, quero todos os detalhes.

Romão limpou devagar os óculos, gesto automático que preludiava uma longa exposição. Debruçou-se sobre a mesa e sua voz assumiu um tom pausado e confidencial.

— Primeiro, recolheram a mocinha afogada junto ao cais. Então, ele recebeu o bilhete com uma estrofe de Camões. Lá estava a carta sobre sua mesa, quando chegou à Central, simples e enigmá-

A INFÂNCIA DE ADÃO e outras ficções freudianas 159

tica. Tinha seu nome, tinha o endereço, só. Dentro, uma folha comum, com a primeira quadra do soneto:
"Amor é fogo que arde sem se ver;
É ferida que dói e não se sente;
É um contentamento descontente;
É dor que desatina sem doer;"
— E ele juntou isso com o caso dos afogamentos?
— Não, Lili. Ainda não havia caso algum, recorde. Só aquela jovem afogada, que todos pensávamos ter sido suicídio, no máximo acidente. Tanta coisa acontece numa cidade deste tamanho. Você tem idéia de quantos afogamentos temos por ano? Mais de vinte, no ano passado. As pessoas vêm andando pelo cais à noite, um pouco bêbadas, e caem n'água; ou são mortas num assalto e atiradas ao mar; ou se jogam, pura e simplesmente. Nossa cidade namora o mar há séculos. Principalmente agora que já não é uma cidade de navegações e pesca, o fascínio apela mais forte. Além disso, com a reurbanização, o cais tornou-se centro turístico, sem perder a velha marginalidade, as ruelas, as boates decrépitas. E as pessoas preferem morrer onde amam.
— Uma volta ao útero, não é?
— Uma volta à casa, pelo menos.
— Mas quando Luis Carlos assumiu o caso? O senhor nunca me contou.
Havia um ar de queixa na pergunta. Lili dar-se-ia inteira, realizaria cegamente qualquer coisa por Romão, e ainda o que ele se esquecesse de pedir, porém desejava em compensação reter a primazia de seus pensamentos. Tratava-o de senhor, às vezes até na cama, para embalar-se na doce fantasia de aluna seduzida.
— Só quase um mês depois, com a segunda afogada. Teresa Rosário, uma prostituta bastante popular, foi apunhalada e atirada ao mar durante a noite. Isto lhe contei, não? Uma punhalada cirúrgica, direto ao coração. Na verdade, é raro, os assassinos geralmente esfaqueiam sem parar. Vencida a inibição de varar a superfície do corpo alheio, um ato puxa o outro: é como se, liberado o amor ao sangue, não soubessem parar. Teresa foi morta com uma estocada só, ao virar a Rua da Ponte. Alguém devia estar escondido na sombra da velha casa de esquina, e acabou com ela limpamente. Não tínhamos a

menor idéia do motivo. Foi o segundo afogamento de mulheres em setembro. Entre os dois, havia caído no mar um mendigo bêbado.

— Teresa não morreu afogada então.

— Já estava morta quando a atiraram n'água, segundo o legista. Luis Carlos, porém, viu mais longe. Quase posso seguir seu raciocínio, mesmo antes de ele me ter procurado para conversar. Aqueles versos não lhe deviam haver saído da cabeça. O que poderiam significar? Um repto, de qualquer modo. Um desafio lançado ao vento, ou melhor, a abertura de uma partida de xadrez. Você sabe que ele é um forte enxadrista, nas horas vagas? Peão quatro dama. Só que ele não sabia em que tabuleiro se jogaria a partida.

— Quando Teresa foi morta, sua mente começou a encontrar os contornos de um problema possível. O peão do bispo avançara à quarta casa, embora ele mesmo não soubesse ter respondido com seu peão de dama. Foi assim que me explicou, naquela tarde. Um gambito. Gambito da dama.

— Ele estava excitado. Já havia tempo que não surgia nenhum caso desafiador. Chegou à minha sala com o bilhete anônimo e um quadro reticulado, onde anotara, letra por letra, a quadra de Camões. E lá estava, no segundo verso, o nome Teresa, embaralhado, naturalmente. Perguntei-lhe o que isso poderia significar.

— Luis Carlos mostrou-me o anagrama e acrescentou o sentido do próprio verso. Que pode ser uma dor que não se sente, senão uma punhalada certeira no coração? Perguntei se suspeitava de um crime passional. Não. Parecia-lhe obra de algum louco que planejara uma série de homicídios.

— Seu argumento seria lamentavelmente fraco, não fora, como me mostrou, o fato de a primeira vítima chamar-se Vera. No primeiro verso lê-se claramente: Amor... ver. Retomando a linha pelo fim, lê-se Vera e um pouco mais: ver... A/mor. Mor de morta?

— Mostrei-me um pouco cético, é óbvio. O raciocínio era muito rebuscado. Ele, porém, tinha mais a mostrar. "Diretor, veja: Amor é fogo que arde. Afogar. Além disso, por que mandaria alguém um bilhete como este para mim?

— Tive de lhe conceder certa razão. Hoje, quase posso reconstruir a série de suas deduções. Primeiro, a escolha dele, como interlocutor dos crimes em série. Luis Carlos havia aparecido nos

A INFÂNCIA DE ADÃO e outras ficções freudianas   161

jornais, quando solucionou o roubo do museu, há dois anos. Era uma teia de indícios, mas ele soube organizar um raciocínio analógico que o levou diretamente aos culpados. Na entrevista à imprensa, fizera uma pequena preleção acerca do raciocínio analógico e de suas variedades simbólicas. Lembra-se: "crime algum, como nenhum ato, aliás, pode fugir à rede de significantes e símbolos que o criminoso usou para pensar, ainda quando este a desconheça. Sobretudo se a desconhece. No mínimo, existe o inconsciente. Não só o inconsciente do criminoso, mas o do próprio crime. Por analogia, podemos quase sempre o descobrir, cada parte é análoga ao todo, cada gesto é análogo ao fato inteiro, o conjunto mimetiza-se em cada fragmento. E não só na natureza, como o provam os fractais, mas na natureza humana e nos seus significantes". E aquele final agudo, com o toque certo de verbosidade pomposa, tão alheia a seu jeito, mas que a imprensa adora para criar manchetes. "Detetive declara: é possível escapar da prisão, mas não da cadeia dos significantes."

A moça debruçava-se sobre a mesa, fascinada.

— Como esquecer? Escrevi um trabalho para o senhor sobre o argumento do Luis Carlos.

— Pois bem. Haveria de existir um homem (muito improvável que fosse uma mulher) disposto a matar e a jogar xadrez. Provavelmente, um assassino frio, porém desequilibrado, cuja tara era pura e simplesmente matar mulheres. Não suportando a crueza do ato e a atração do sangue, não aceitando seu impulso cru, ele imaginaria estar disputando uma partida contra o mais famoso detetive da cidade. Com isso, encontraria para si uma espécie de justificativa. Mais que isso, uma transcendência.

— Claro, Diretor. Poderia ser alguém que não pudesse tolerar seus impulsos sexuais, talvez precisasse crer estar vivendo uma abstração. De um lado, mataria as mulheres, em vez de as amar, para vingar-se da sedução materna generalizada. Por outro, transformaria os crimes em lances e as vítimas em peças, como a dizer: nada de pessoal com vocês. Um homossexual, quem sabe? Atuando uma sublimação reversa.

— Deve ter sido assim que Luis Carlos pensou, mas nunca entramos nos pormenores. De qualquer modo, ele postulara o desafio antes mesmo de o ligar aos crimes. Não só o bilhete datilografado fora dirigido a ele, mas também havia um tipo de alusão paralela: Luiz de Camões, Luis Carlos, mais um quebra-cabeça. Coincidência? Luis Carlos achava que sim, que nada poderia ser programado a tal ponto, entrando já na esfera das analogias e símbolos inconscientes. Como você pode ver, ele já raciocinava criptograficamente desde o começo.

— Isso é tão dele.

Romão puxou o maço de cigarros, ofereceu um a Lili, e continuou, enquanto fumavam.

— Ele estava esperando pela seqüência dos crimes. Deixei-o cuidar sozinho do assunto. Algum velho policial experiente não entenderia nada e só saberia rir de sua linha de pensamento. E sua criação estaria perdida, ou dificultada, quando menos. O último outono não foi muito farto em afogamentos. Nenhuma mulher, nenhum homem, até que se descobriu perto do porto o cadáver da neta dos Monteiro. Sem dúvida, a hipótese era de seqüestro, mas o pedido de resgate nunca foi respondido e este poderia concebivelmente ter sido um disfarce, um golpe paralelo, até mesmo uma brincadeira mórbida de outra pessoa qualquer. Luis Carlos já estava quase desesperado; ao fim das contas, são poucos os nomes de mulher que se podem formar com o terceiro verso da estrofe e um contentamento descontente nada indica. Ele se colocava no lugar do criminoso. Teria este criado para si mesmo um desafio impossível? A menina morta chamava-se Amália. Entretanto, os jornais referiam-se a ela sempre como a neta dos Monteiro, a futura herdeira da fortuna. Neta cabia como anagrama. Ela não fora atirada n'água, mas havia sido afogada com um saco plástico, uma barbaridade.

— E o Luis Carlos não achava Neta muito pouco?

— Estava em dúvida. Esperava que o criminoso ainda tentasse matar alguma Dora, de dor que desatina. Era um pouco contra seu procedimento, mas mandou seguir algumas Doras mais vulneráveis, que viviam perto do cais. O que o torturava especialmente, naqueles dias, era encontrar algum tipo de assinatura de seu oponente na estrofe, no nome de Camões, ou na história do poeta. Poderia ser símbolo, analogia, anagrama, qualquer coisa. Confessou-me um dia que se sentia perdido. E se o poema estivesse ligado a outra história, completamente distinta, que papelão!

— Além disso, um pouco do que vinha fazendo transpirou

A INFÂNCIA DE ADÃO e outras ficções freudianas 163

entre os colegas, por muito segredo que guardasse. Certa vez, foi preso um suspeito da morte de Teresa; houve também várias pistas frustradas no caso da menina. Ele tinha de conferir o estado das investigações particulares e, como é natural, fazendo perguntas, tinha de responder a outras. Aos poucos foi sendo pressionado pelos colegas, começavam a ironizá-lo.

— Aqui, é preciso compreender. Para a maior parte das pessoas, mesmo policiais e psicólogos, existe uma margem ampla de fatos casuais, acidentes, coincidências, coisas assim, sem determinação ou propósito. Acreditar numa determinação absoluta, mesmo que inconsciente, está muito próximo da paranóia. Luis Carlos não tem nada de louco, mas, a partir de certo ponto, a pressão externa e as torturantes recombinações de nomes e sugestões contidos na quadra de Camões poderiam, ele bem o sabia, inverter a ordem de determinação. Em vez de a evidência ser imposta por um sentido claro e completo, qualquer sentido poderia impor-se para ele, desde que minimamente sustentável, já que o desejava encontrar com tanta força.

— Estar numa posição oposta ao senso comum faz com que tenhamos idéias incomuns. Luis Carlos produziu várias peças combinatórias muito ardilosas. A mais interessante delas foi a supressão dos espaços entre as palavras. Já que se tratava de um jogo de letras, confidenciou-me, melhor levá-lo a sério, ao pé da letra, e não o aceitar sob palavra, pelo menos até descartar tudo aquilo como mero passatempo. Nesse tipo de caso só se avança com cega obstinação, é preciso acreditar no absurdo.

Num guardanapo, Romão escreveu:

Amoréfogoqueardesemsever
Éferidaquedóienãosesente
Éumcontentamentodescontente
Édorquedesatinasemdoer

— O último verso possui 22 letras, os outros são mais longos. Descontando as primeiras 22 letras de cada um, sobra apenas:

er
te
tente

— Lendo de baixo para cima: tente tere. Tente Teresa. A primeira vítima talvez nem contasse, imaginava ele. Tendo assassinado uma mulher, seja lá por que razões, o criminoso poderia haver escolhido com cuidado a próxima vítima, Teresa. Mandaria o bilhete, esperaria um tempo e a mataria com uma ferida que dói e não se sente, uma punhalada certeira. Depois, a neta poderia ou não fazer parte da série. Talvez estivesse procurando ainda duas mulheres com nomes apropriados.

— Luis Carlos revisara meticulosamente o segundo caso. Teresa tivera inúmeros clientes. Mas só uma pessoa letrada e fantasiosa poderia inventar o jogo diabólico. Dentre os nomes levantados na investigação, havia o de um certo René, misto de pintor e poeta, mas sobretudo beberrão e vagabundo, que chegara a Límbia não se sabia bem de onde, falando com um forte sotaque francês. Vendera alguns quadros na feira de arte da Praça do Museu, bebera o dinheiro e sumira sem deixar notícia. Luis Carlos acabou por descobrir que o tipo era mais interessante que imaginávamos. Fora estudante de letras em Marselha, tivera algumas passagens pela polícia local, por brigas e uma tentativa de estupro. Expulso da universidade, engajara-se num navio e percorrera o mundo, com seus quadros e seus versos. Há pouco mais de um ano desembarcou aqui. Parecia ter algum envolvimento com tráfico de drogas, como de costume.

— Dessa vez ele me convenceu. René podia mesmo ser nosso homem. Poeta e aventureiro, uma pitada de Camões. No lugar de estrangeiro, iria buscar uma referência cultural imediata, o que explicaria a obviedade da escolha do soneto famoso. No fundo, um tipo insignificante, na medida para a morfologia desse crime. Seu nome estava até embutido em tente tere. Oh! A polissemia que vocês tanto amam, Lili. Quantas coisas aparecem quando as vamos buscar...

A tarde parecia cair a contragosto. A luz começava a tomar cor, o vento era mais fresco e perfumado. O vai-e-vem dos passantes atingia aquele pico que precede a rarefação do princípio da noite, mas o café já se ia esvaziando.

— O resto era quase evidente. A história já estava pronta. Ultimamente, Anita abusava de soníferos e da bebida, principalmente quando estava sozinha à noite. Bastou encher um vidrinho de éter no laboratório. Ela não deve ter sentido nada, imagino.

— Nada, professor. Entrei com a chave que o senhor me deu. Já tinha jantado tantas vezes com vocês, conhecia bem a casa. A

A INFÂNCIA DE ADÃO e outras ficções freudianas   165

porta do quarto estava aberta, como tinha dito. Foi só aproximar o pano do rosto, devagar. Além dos barbitúricos, ela havia bebido bastante, pelo cheiro. Não foi difícil nem me deu medo, é estranho. Tudo parecia tão programado, eu me sentia como se estivesse repetindo uma lição conhecida de cor. Jogar o corpo pela janela que dá para o rio também não foi problema. Como estava magrinha sua esposa. O que mais me pesava era saber que tínhamos de ficar um mês inteiro sem nos ver.

— Encontrei o Luis Carlos no dia seguinte, voltando do seminário de Bálios. Haviam-me chamado às pressas, mas só consegui avião pela manhã. É claro que eu estava acabrunhado, mas o que se poderia fazer. Ele estava ainda mais desesperado que eu. Não se perdoava por não ter descoberto antes o nome de Anita em desatina, no quarto verso. É que ainda não estava seguro de neta. Nem, confessou, seguro de haver um jogo. Fora um golpe de mestre do criminoso: a mulher do Diretor Geral da Polícia. René havia entrado pela janela dos fundos, que encontraram arrombada. Afogara-a primeiro com éter, depois jogara o corpo no rio. Se não o descobrissem a tempo, encalhado no pilar da ponte, iria acabar boiando perto do cais, à vista de todo mundo.

— E o éter, ele deduziu?

— Luis Carlos não perdeu o sangue-frio. Mesmo arrasado, quando chegou para me ver, já havia decifrado: tente éter.

— E, é claro, René nunca foi encontrado, professor.

— Nem será. Por segurança, não o joguei no mar. Muito antes da morte de Anita, ele já estava enterrado fora da cidade. Quando localizamos seu quartinho, havia algumas notas que comprovavam o jogo literário. Como uma risada de vitória após o golpe. Você não imagina quantos nomes é possível compor com cada verso, usando um computador. René trabalhava à mão. Mesmo assim, deveria ter uma lista de opções de nomes bastante longa. Não se compreenderá por que selecionou Teresa. Serão suspeitas vagas, mas num caso escabroso como este...

— E o bilhete pregado na camisola de Anita?

— Estava quase dissolvido pela água. Mas o laboratório conseguiu recuperá-lo. Morphée garde mes rêves. Uma homenagem final à sagacidade de Luis Carlos, pois está quase contido no primeiro verso.

— Uma lição?

— Você acredita que ele já havia decifrado mes rêves em sem se ver? Só não sabia o que fazer com isso, entre tantos outros sentidos criptográficos. Por outro lado, Morfeu é o deus das formas. Toma a forma das personagens de nossos sonhos. Seu pai, Hypnos, induz o sono, ele o preenche com figurações. O René de Luis Carlos teria pensado nisso. Ademais, uma alusão às metamorfoses dessa criativa investigação.

— De certo modo, Luis Carlos tinha razão ao antecipar uma morfologia ao seu feitio, um desafio com seu preciso endereço. A investigação é uma parceria inconsciente. Ele esteve combatendo contra si mesmo o tempo inteiro — concluiu.

— Recriou-se em René, um duplo seu. Poderia ser outro, descoberto de outra maneira. Poderiam ser outras as vítimas, menos a última, é evidente. Você já ouviu falar do livro de jogos de Alfonso X? Ele elogia muito o xadrez, mas diz que o jogo de tablas tem maior valor moral, por incluir lances de dados. Acha-o mais parecido com a vida. Isso no século XIII. Não à toa o chamavam de o Sábio. Moralmente, é preciso dar uma chance ao destino, em qualquer crime, como em qualquer história. Se ele houvesse descoberto o nome de Anita e o tivesse relacionado à minha mulher, não deixaria de me prevenir, mesmo que só por precaução, e teríamos de pensar nalguma coisa diferente.

A tarde escurecia agora. As árvores do zoológico eram vultos negros contra o pôr-do-sol. Enquanto se dirigiam ao restaurante próximo, continuavam a conversar animadamente. Lili queria um juízo definitivo.

— A conclusão é que o inconsciente criminal não existe?

— Como não? René foi guiado por um desejo de vingança intelectual, atacando nosso detetive precisamente em sua inteligência. Além disso, atingiu o Diretor da Polícia, figura paterna. Meteu-se em sua cama e deitou sarcasmo em seus sonhos.

— Mas o criminoso René não existe.

— O de Luis Carlos existe e fez o que fez. O nosso está enterrado. Nos versos que lhe mandei, havia matéria-prima para construir uma infinidade de cenários. Luis Carlos criou este para nós, carinhosa e inconscientemente. Sempre soube que podia confiar nele. Eu mesmo nunca tive suficiente imaginação.

A INFÂNCIA DE ADÃO e outras ficções freudianas   167

Entraram no restaurante. Sentaram-se numa mesa de canto, trocando um amoroso e cúmplice sorriso, ao pedir dois filés de linguado e um bom vinho branco. Comeram sossegadamente, trocando impressões sobre o molho e a bebida. Por fim, Lili perguntou:

— Mas o senhor ainda não me respondeu a sério. Existe ou não um inconsciente criminal.

— Claro que sim. Tome um exemplo menor. Quando pensamos no bilhete, tanto desejávamos encontrar um anagrama no francês de René, que digitamos por engano Morphée com f. E você fala um francês perfeito. O fato de corrigirmos depois, não apaga o lapso. Mesmo porque, o anagrama saiu-nos menos bom.

— Voltando ao essencial. De todos os modos que Luis Carlos poderia ter usado para inventar seu criminoso, a escolha recaiu nesta trama tão convencional e popular de *serial killer*. Você pensou que êxito jornalístico a solução do caso lhe teria trazido, se não tivéssemos de abafar tudo? Aí temos um possível motivo inconsciente, o enredo jornalístico. Por outro lado, o que o impediu de encontrar o nome de Anita, quando já havia revirado aquela quadra de ponta-cabeça? Algum tipo de inibição com respeito ao chefe que o apoiava, talvez? Para mim, era uma espécie de relé de segurança. Em suma, há o inconsciente, apenas nunca o conseguimos descobrir a tempo. Ou, dizendo de outro modo, o inconsciente é aquilo que sobra da descoberta do inconsciente. Aliás...

— Estive hoje revendo o caso, Lili, para nossa conversa. Sempre preparo minhas aulas. Com quanto cuidado havia selecionado a estância de Camões, quantas vezes a verifiquei para evitar alusões indesejáveis. Todavia, o fim do soneto por alguma razão escapou-me. "Pois tão contrário a si é o mesmo amor".

— O contrário do amor, a morte? Poderia ser uma pista.

— Tão contrários talvez não sejam amor e morte, minha querida. Não, o que descobri está muito mais ao gosto do Luis Carlos. Contrário a si: ...o amor ao contrário. Romao. Romão. Uma assinatura ao fim da confissão. Mas, a investigação já está concluída. Tomamos um café?

Da Inveja Envergonhada

A noção psicanalítica de afeto é basicamente quantitativa, resumindo-se suas qualidades em prazer e desprazer. Já o domínio dos sentimentos é qualitativo: cada sentimento — alegria ou bondade, nostalgia ou ressentimento — cria um mundo muito próprio, onde as coisas mesmas da realidade se ordenam e se transformam segundo suas regras. A casa de minha infância, de que me lembro com saudade, não é a mesma casa onde se alimentou talvez meu ressentimento edipiano ou onde experimentei certa perda irreparável. Nossos sonhos sabem exprimir este fato com eloqüência: os objetos que povoam uma casa, a própria casa e o espaço onde esta se situa dispõem-se segundo sua arquitetura sentimental.

A separação estrita que opõe razão a sentimento, por seu lado, nasce do fosso aberto entre humanidade e natureza, no terreno central da civilização cristã. O homem puramente racional e o cultivo de sentimentos ditos positivos, como se sabe, fazem parte do ideal abstrato de nossa cultura. Todavia, o corolário negativo deste ideal tem ainda maior interesse. Por exclusão, forma-se um resíduo de sentimentos reputados maus e nega-se não apenas racionalidade, mas até mesmo lógica interna aos sentimentos. Ademais, os sentimentos são considerados fatos internos, perdendo-se a riqueza da visão do quotidiano, reputada primitiva, que considera ser a realidade construída por sentimentos e emoções.

São, ao todo, quatro disjunções fortemente interligadas as que balizam a psicologia dos sentimentos: natureza X humanidade, razão X sentimentos (os sentimentos, as afecções da alma afetam a razão, logo, nela não se incluem), sentimentos bons X sentimentos maus, sentimentos X realidade. O surgimento da Psicanálise é, com certeza, um ponto de virada em nossa concepção do homem, no tocante à sua vida afetiva. Em princípio, a Psicanálise deveria criticar e superar essas quatro disjunções. Nosso homem é inteiramente natural e cultural ao mesmo tempo, é corpo que se transformou em psiquismo sem perder seu caráter orgânico, ou, ainda melhor, é psique encarnada. Negamos a oposição entre razão e sentimentos: o sentimento para a Psicanálise é uma forma lógica, bem como a razão é essencialmente emocional. O juízo moral, no que diz respeito aos sentimentos, é a rigor secundário para a Psicanálise. Por fim, é inconcebível qualquer descrição da realidade que ponha de parte sua natureza intrinsecamente emocional; realidade é representação e não existe representação neutra, sem carga afetiva. Para o psicanalista, como para o sonho, uma casa feita só de tijolos e madeira, sem estrutura emocional a sustentá-la, literalmente não pára em pé...

Isto, em princípio. Ocorre que, não obstante sua vocação crítica, o psicanalista é também fruto da árvore histórica das idéias de sua cultura. Assim, tendemos constantemente a oscilar entre a posição crítica e uma aceitação dos valores consensuais. Aqui, parece-me interessante destacar a terceira disjunção, a de caráter valorativo. Que a inveja nos sirva de guia.

No quarto século depois de Cristo, Sto. Agostinho escreve no Livro 1º de suas *Confissões*: "a fraqueza dos membros infantis é inocente, mas não a alma das crianças... vi uma, cheia de inveja, que ainda não falava, mas já olhava, pálida e colérica, seu irmãozinho mamar". Está dado o tom do julgamento moral dos mil anos seguintes pelo menos. A inveja é má e é primária, constitucional no mais forte sentido do termo, pois vem com o pecado original. Giotto, na capela Scrovegni, a pintará como uma mulher de cuja boca sai uma serpente que lhe entra pelos olhos, parecendo acrescentar que, ao se passar do infante ao adulto, a palavra não remedia a situação, antes transtorna a própria percepção: a palavra invejosa retorna sobre o sujeito, cegando-o, envenenando seu olhar, infun-

A INFÂNCIA DE ADÃO E OUTRAS FICÇÕES FREUDIANAS   171

dindo-lhe um olho mau. Teremos de esperar por Espinosa, treze séculos depois de Agostinho, para escutar que "as afecções de ódio, de cólera, de inveja etc. resultam da Natureza" e não de um vício desta. Assim, quando na proposição XXIII, do livro terceiro da *Ética*, ele define a inveja, já o faz como um jogo de linhas de força, "ao modo dos geômetras": "A inveja (Invidia) é o ódio na medida que afeta o homem de tal maneira que ele se entristece com a felicidade de outrem e, ao contrário, experimenta contentamento com o mal de outrem." Do século IV ao XVII, a inveja continua perfeitamente detestável, porém, ocorreu uma mudança. O mal da inveja, que era um vício — Prognóstico de vícios, leva por título o capítulo citado das *Confissões* —, passa a ser natural e seu dano já não é moral, e sim uma perda de perfeição, uma queda na potência natural (potentia).

Digamos que, do ponto de vista valorativo, os psicanalistas geralmente oscilam entre Agostinho e Espinosa, mas não os superam — por simplicidade, restrinjamo-nos a esses dois grandes precursores da psicologia do mundo judaico-cristão. Agostinho mergulha no pântano afetivo da interioridade, para a depurar, portanto condena moralmente os "sentimentos maus". Espinosa aproxima-se exteriormente do afeto, armado da razão geométrica, sua condenação é, por assim dizer, funcional. No fundo, trata-se de duas psicologias complementares: uma, intuitiva e marinha, a outra, racional e astronômica. Quando nós, psicanalistas, discutimos os sentimentos, procuramos evitar qualquer juízo manifestamente moral, mas este se transforma numa variante do juízo funcional espinosista. A inveja é prejudicial — já não dizemos errada ou pecaminosa —, como prejudiciais são ciúme e vergonha, por exemplo. O projeto agostiniano de depuração, por conseguinte, não foi abandonado, converteu-se em busca de "melhor rendimento psíquico".

A aproximação psicanalítica aos sentimentos tende a situá-los numa esfera intermediária entre a psicologia e a psicopatologia. Para nós, não chegam a ser "vícios da natureza", certamente, mas tampouco os estudamos como formas intrínsecas da construção da realidade. Os sentimentos parecem ser, antes de tudo, desvios subjetivos da apreensão do mundo. Por isso, talvez, sejam muito mais freqüentes os trabalhos psicanalíticos sobre os sentimentos social e individualmente recusados, vizinhos da patologia. Quase todos os sentimentos propostos para a discussão em nossos Congressos visam a essa classe. É raro ver analistas discutindo a alegria ou a bondade, por exemplo. Nisto seguimos a tradição que deu forma a nosso juízo moral, conquanto transformado este em juízo diagnóstico. Reconhecer as fontes de nossos valores diagnósticos a respeito dos sentimentos é da maior importância para a prática psicanalítica. Aliás, reconhecer as fontes culturais de qualquer das nossas teorias pode evitar sua falsa naturalização e a conseqüente reificação da clínica. Tomemos um exemplo hipotético, sempre apoiados no valor negativo da inveja. Suponhamos que um psicanalista se depare com o mito da revolta dos anjos, movidos pela inveja contra o Criador. Concebivelmente, sua primeira reação deveria ser de espanto. "É preocupante", quase o escutamos pensar, "que coincidam um mito de origem de minha cultura e certa teoria que venho desenvolvendo. Cumpre descobrir que campo cultural as determina e rompê-lo, a fim de descobrir quais regras inconscientes nele operam". É provável que logo se desse conta de que a noção de pecado, que habita o escritor bíblico, também é atuante em seu pensamento teórico. Contudo, sua atitude costuma ser a oposta. Não é infreqüente pensar, nesse caso, que o mito endossa a teoria, confirmando que a inveja é mesmo o lado mau da natureza humana, e quem sabe da natureza angélica, pois se até o Antigo Testamento o confirma... Mais ou menos como o físico que usasse o mito da Criação, no Gênesis, para corroborar a teoria do Big Bang. A esta altura, talvez alguém pensasse em replicar: "Ora, os mitos desconhecem a física, mas dão testemunho do psiquismo humano, a comparação é injusta." Certo. Mitos, porém, são amostras da psique, podemos aprender de sua interpretação, que mostra a lógica emocional que os concebeu. Outra coisa é tomar as afirmações dos mitos como lições de sabedoria psicanalítica. Assim procedendo, nossas teorias e nossa clínica correm sério risco de se tornarem míticas também, em muito pouco tempo, e depois, lendárias. "Conta-se que, no século XX, havia um projeto científico muito popular, cujos adeptos acreditavam que os meninos querem matar seu pai, para casar com a mãe..."

Um fragmento póstumo de Nietzsche, intitulado "A disputa homérica", pode talvez lançar alguma luz sobre a naturalização de

A INFÂNCIA DE ADÃO e outras ficções freudianas 173

valores culturais, principalmente se recordarmos como a invenção freudiana da Psicanálise mergulha suas raízes na cultura grega. "Nada distingue o mundo grego do nosso tanto quanto o juízo a respeito dos conceitos éticos individuais, como Éris (discórdia) e inveja..." — observa Nietzsche. "O grego é invejoso, e não considera tal qualidade vergonhosa, mas como dom de uma deidade benéfica", a boa Éris, de que fala Hesíodo, aquela que através "do ciúme, ódio e inveja, impulsiona os homens à atividade: não a de destruição, mas a de disputa". E completa: "que abismo de juízo ético separa-os de nós!"

Qual, pois, a diferença entre aqueles gregos que choravam e uivavam de inveja, sem a menor vergonha, e nossa concepção da inveja como um derivado do pecado original? Não é difícil responder. A inveja de que nos fala Nietzsche conduz à disputa pela excelência, ao combate singular entre os melhores e não é isenta de admiração. Sobretudo, nunca diminui o adversário, antes o eleva, para elevar-se com ele. Em nosso mundo, porém, a recusa de certos sentimentos produz uma estranha composição. A nossa é uma inveja envergonhada. Esta, que não se pode declarar ao outro nem mesmo reconhecer no próprio íntimo, leva, ao contrário, à difamação, à conspiração da mediocridade, à união dos fracos contra o pensamento forte. Inveja ou vergonha são sentimentos perfeitamente aceitáveis — o primeiro impulsiona a disputa pela primazia e pela perfeição, o segundo leva a evitar condutas repreensíveis por aqueles que se admira. A combinação dos dois sentimentos é que é doentia, do ponto de vista diagnóstico. Seria preciso refletir sobre a força da inveja envergonhada no seio das instituições psicanalíticas e em como nossas próprias teorias acabam por sustentá-la, ao defender sentimentos falsamente positivos.

A Recompensa Merecida

O último dos convidados acabara de sair. Carla examinou com certo distanciamento crítico o campo de batalha em que se converteu a sala de seu apartamento. Mais de vinte colegas haviam fumado, bebido, comido e trocado observações inteligentes e mordazes a respeito da vida universitária — "inteligentes demais", pensou ela —, e toda essa ingestão enfurecida de nicotina, álcoois e substâncias protéicas de diversa fonte, predominantemente animal, fora espiritualmente dedicada a ela. Migalhas de pão, papel de balas de ovos, ostentando ainda restos da crosta caramelada que logo atrairiam legiões de formiguinhas, tocos de cigarro, só uns poucos dentro dos cinzeiros, copos sujos, bem mais da metade manchados de batom, fora os restos indistinguíveis, pisados, esmagados, ressintetizados numa pasta orgânica inespecífica, juncavam o chão que — ainda à tarde, num passado remoto! — fora um assoalho bem encerado.

O espetáculo deprimiu-a. Que fizera mesmo para merecer semelhante homenagem? Defendera com sucesso sua tese de mestrado, o que significava a efetivação no Programa de Literatura, uns trocados a mais no fim do mês e, a idéia aterrorizou-a, outra festa quando defendesse o doutorado.

Cansada, mas insone, subiu a escada do mezanino, carregando uma garrafa de champanha pela metade e uma taça, manchada de batom, que, a julgar pela cor, presumivelmente era o seu. Passou pela cama e sentou-se à mesa de trabalho, diante da janela que dava para o cais, sentindo um vago desejo de fundir-se àquelas águas escuras e poluídas. "Não mais poluídas que eu", comentou baixinho. Sobre a mesa, o volume grosso de sua tese, parecia espiá-la sorridente, exibindo sem pudor suas duzentas e trinta páginas recém-datilografadas. "Sangue de meu sangue, carne de minh'alma", dirigiu-se à tese, "imagem e semelhança de minha covardia, acaba de uma vez com este sorriso estúpido, que sei muito bem o quanto vales... Não lá grande coisa, sem o capítulo que cortei." A tese ficou um pouco encabulada, mas não encontrou resposta à altura, a não ser repetindo seu título pomposo: O discurso acadêmico, da ideologia refletida na morfologia — Sobre a obra crítica de Cândido Abelardo.

Carla encheu a taça, brindou à tese, tocando-lhe levemente a lombada, bebericou e resmungou desgostosa: "Morna, morna como nós". As papilas, cauterizadas de tabaco, contraíram-se relutantes, em face do acre sabor das borbulhas. "Bem feito", refletiu, "quem manda misturar?" E emborcou-a inteira, saudando a ressaca do dia seguinte.

Sobre a escrivaninha, o relógio marcava duas e meia. "Melhor enfrentar a dura realidade, amanhã não consigo mesmo trabalhar." Abrindo a gaveta, retirou um maço de páginas mal datilografadas e pôs-se a folheá-las ao acaso. "Santa covardia, se tivesse juntado este capítulo final, em vez das Conclusões de praxe, não receberia distinção nem haveria festa, mas não estaria aqui chorando sobre o champanha derramado." "Aprovariam a tese, porém? Ou melhor, meu orientador deixaria sequer que eu a apresentasse? Muito duvidoso", concluiu. E voltou a encher a taça, em penitência.

De início, a idéia de explorar a obra literária de um crítico menor havia parecido promissora, senão desafiadora. Cândido Abelardo poderia muito bem ser o epítome de todo o estilo literário oficial do século. Comedido, arguto e absolutamente medíocre. Mantivera por décadas incontáveis uma coluna no *Diário de Límbia*. Ruins? Não, não eram ruins seus pequenos ensaios críticos semanais, eram argutos, partiam de alguma idéia imprevista e original, porém obedeciam a um tratamento demasiado comedido; e a excessiva cautela acabava sistematicamente por desembocar numa

A INFÂNCIA DE ADÃO E OUTRAS FICÇÕES FREUDIANAS   177

conclusão medíocre. Dir-se-ia que ele não se podia permitir qualquer brilho, mas que desejava manter sempre viva a suspeita de ter sido capaz de brilhar. É como se, à crítica do texto alheio, sentisse o impulso insofreável de juntar uma autocrítica proporcionalmente maior. Esta foi uma de suas primeiras conclusões. Um vazio elegante era o título do primeiro capítulo de sua tese. Lá se interrogava como fora possível que, autor estilisticamente tão dotado e talvez um pensador em potencial, conseguisse Abelardo manter em eterna suspensão seus próprios dons. Ele parecia divertir-se com o aniquilamento sistemático de suas melhores concepções.

Bem cedo, havia conseguido ingressar na Academia Literária de Límbia, que se, como todas as congêneres, gozava da fama de só olhar para o próprio umbigo, ao menos possuía uma distinção especial: oferecia um polpudo prêmio em dinheiro ao mais notável escritor da última década. Um prêmio a cada dez anos só poderia ser uma idéia límbica. A raridade emprestava valor internacional ao prêmio. Conhecido o autor, celebravam-no quase como ao ganhador do Nobel. As edições multiplicavam-se rapidamente, as traduções, nem falar. Naturalmente, havia certo empenho da comissão julgadora em favorecer os escritores locais, contudo nada impedia que um estrangeiro fosse galardoado — entendendo-se, limbicamente, por estrangeiro, qualquer escritor, nacional ou não, que vivesse fora de Límbia. Ao todo, em oitenta anos de prêmios, haviam escolhido muito judiciosamente quatro autores locais e quatro estrangeiros. E, nos últimos quarenta anos, Cândido Abelardo indefectivelmente fizera parte do júri.

A superfície de sua vida, Carla logo havia de descobrir, fora tão regular e previsível quanto a de sua obra. Nunca se casara, vivera modesta, mas confortavelmente, de alguma renda herdada dos pais, de seu emprego no jornal e de uma docência na Universidade. Sem surpresas havia vivido, morrera discretamente, há poucos anos. Velaram-no os colegas acadêmicos; como de praxe, houve uma sessão póstuma em sua honra e uma nova sala da biblioteca da Academia foi batizada com seu nome. Era tudo.

Como a pesquisa limitava-se intencionalmente a estabelecer os vínculos entre a ideologia acadêmica e a forma das produções literárias dela derivadas, não havia por que escarafunchar sua vida. Abelardo fora escolhido como exemplo e, tanto quanto Carla podia julgar a partir de seus primeiros estudos, ele não teria protestado contra tal eleição para a exemplaridade; sua obra, como sua vida, pareciam-lhe ambas se ter organizado expressamente com o fito de oferecer o paradigma último da circunspecção.

Assim, ela escreveu sua tese, num ano de trabalho afincado, debatendo-se às vezes contra certa resistência interior a gastar tanta vela com o que cada vez mais fortemente se convencia ser um mau defunto. Com o trabalho quase terminado e seis meses ainda de prazo para entregá-lo, um sentimento de inquietação começara a tomar conta de seu espírito. Não era tanto a dúvida quanto ao valor da pesquisa, mas a impressão de que a sombra do objeto havia caído sobre seu texto, como uma luva escura onde tivesse enfiado incautamente a mão. Sua escrita também se moderara, suas disquisições teóricas tornaram-se banais, e mesmo o tom de denúncia, que originalmente planejara infundir no ensaio, perdera o fio, amaciara-se até desaparecer. Parecia-lhe estar sendo capturada pela atração gravitacional daquele corpo espesso, algum tempo mais e, seguindo nessa órbita, talvez pudesse substituir o mestre em sua coluna semanal, quem sabe ingressar na Academia em futuro próximo.

Ela sabia que algo ia muito mal, de tão bem que tudo ia. Simplesmente não era possível que Cândido Abelardo fosse de fato tão homogeneamente monótono quanto aquilo por que se havia feito passar. Nem uma paixão, nem uma tara, nem mesmo um deslize de criatividade irresponsável. Voltou a pesquisar sua vida, agora não mais buscando provar a hipótese de trabalho — já demonstrada à saciedade —, senão interessada no contrário, em descobrir alguma exceção que a contrariasse.

E foi assim que, de referência em referência, Carla chegou às cópias amareladas de uma esquecida revista de vanguarda, *A Caricatura*, que florescera brevemente há quase cinqüenta anos, rendendo três números e uma presumível falência financeira. O nome de Cândido Abelardo figurava entre os colaboradores de primeira hora, mas artigo algum vinha por ele assinado. Revisando com mais cuidado, entretanto, acabou por descobrir, no segundo número, um pequeno ensaio teórico, intitulado "A Infância de Adão" e assinado simplesmente Abel.

Nele, o autor sustentava uma idéia no mínimo perturbadora. Se toda memória é sabidamente falha e lacunar, para não dizer

A INFÂNCIA DE ADÃO e outras ficções freudianas 179

encobridora — naquela época a Psicanálise exercia alguma fascinação sobre a jovem intelectualidade —, nossa história, a história de nossa infância em particular, só poderia valer como hipótese negativa, ou seja, indicar o avesso da verdade. A área onde o fato se deu estaria assim assinalada, mas o fato mesmo haveria de ser sistematicamente negado ou distorcido. Levando ao extremo a proposição, Abel — que só poderia ter sido Abelardo — avançava a idéia de um movimento literário que se ativesse rigorosamente à negatividade, criando personagens que sempre se equivocariam quanto à sua história e destino. O resultado das ações comuns, num romance, por exemplo, não haveria de ser conseqüência da composição de atos voluntários das personagens, mas de uma espécie de inconsciente recíproco, evocado pelo confronto entre os protagonistas da história, porém produzindo por conta própria resultados que fugiriam às intenções e mesmo ao conhecimento de qualquer um deles. "Cada um de nós se faz no outro, meu destino é o de meu vizinho, mas só naquilo que ele mesmo ignorar para sempre e eu nunca chegar a saber", escrevera Abel-Abelardo há quase cinqüenta anos. À tendência proposta queria chamar de "A Infância de Adão", o primeiro homem, criado já adulto, cujas representações do próprio passado deveriam necessariamente assentar-se sobre o mais perfeito vazio, sendo, justamente por isso, o modelo mais acabado de toda e qualquer memória humana.

O rebuscamento da idéia encantou-a de pronto. "Peguei-o enfim meu cinzento amigo. Por baixo do terno severo, usa cuecas de bolinhas", vitoriosa disse ela de si para si. E começou logo a planejar um capítulo em anexo, onde mostraria como, por trás do academicismo melhor assumido, esconde-se necessariamente uma aspiração fortíssima à originalidade, um germe reprimido de liderança intelectual.

Voltando à Revista, já agora com a intenção de levantar o clima espiritual do meio em que seu sujeito florescera, Carla surpreendeu-se ao encontrar, no terceiro e último número, uma página de ficção, intitulada Colaboração, e firmada por alguém que se valia do pseudônimo Caim. Leu-a avidamente. O autor levava a teoria de Abelardo à prática, descrevendo um diálogo entre Deus e Adão, onde, porém, só se escutava este último, e ambientando-o no próprio zoológico da cidade. Adão procurava convencer Deus de que se lembrava de sua infância, da mãe e dos amigos, mas sem grande sucesso. Usava como argumento lembrar-se corretamente dos nomes dos animais do zôo — grande vantagem, pois se tinha sido ele mesmo quem os nomeara a pedido do Senhor, segundo o livro do Gênese. Deus parecia comportar-se um pouco como analista, procurando apontar a Adão a incongruência de suas lembranças, enquanto este resistia transferencialmente e, no fim, tratava seu deus-analista como se fosse este ligeiramente doido, tentando curá-lo da onipotência e da eternidade.

A peça de ficção não era exatamente brilhante, um tantinho confusa e panfletária, e certamente escrita às pressas, mas, ressalvados os defeitos de juventude, tinha a marca inconfundível da pena de Jorge Caetano, o celebrado autor de *A Alma Bem-Vestida*. Já a epígrafe que encabeçava o texto era característica, tanto por ser do próprio autor — prática comum de Jorge em inúmeros escritos —, quanto por seu conteúdo irritantemente lógico:

"E o Senhor fez o homem,
à imagem e semelhança dos macacos,
os quais, em vista disso,
só se podiam parecer com Ele."

"Então aos vinte anos eram amigos", exclamara Carla na ocasião, interessada no achado. Isso explicava muita coisa, a começar pela presença de Jorge na cerimônia em homenagem à morte de Abelardo, quando se sabia muito bem que ele, em seus últimos anos, jurara nunca pôr os pés na Academia, depois de ter sido sistematicamente preterido na grande premiação decenal. Explicava sobretudo o equívoco poema em homenagem ao crítico, que apareceu, após um mês de seu falecimento, no mesmo *Diário de Límbia*, em que Abelardo publicava semanalmente sua coluna e Jorge Caetano jamais publicara coisa alguma.

A ambigüidade daqueles versos havia causado uma leve celeuma no meio literário. Começava o poema:

"O tempo traz a recompensa merecida,
Quem de nós morreu?"

e prosseguia com um diálogo extremamente improvável entre as personagens principais dos livros de Jorge, enquanto faziam piquenique sob uma árvore, sem uma menção sequer ao falecido crítico. À épo-

A INFÂNCIA DE ADÃO e outras ficções freudianas

ca, lembrava-se ela, cogitava-se numa farpa venenosa dirigida contra o membro dos quatro júris que haviam encontrado sempre um candidato melhor, da cidade ou de fora, para pôr no lugar de Jorge Caetano — tão mais lido, tão mais popular e unanimemente considerado pelo público mais merecedor do galardão literário. Sobretudo mais necessitado, se se consideram as dificuldades financeiras crônicas contra as quais se debateu o escritor a vida inteira — concluía Carla, pensando na estreiteza de seu próprio orçamento. Ninguém se sentiu bem com aquela vingança extemporânea. Falar de recompensa merecida e perguntar quem morreu?, um mês depois do desaparecimento da pessoa, simplesmente não parecia digno e muito menos elegante. Soava algo mesquinho haver descido o autor famoso a atirar o peso de todas as suas obras contra um crítico obscuro, como se quisesse ter a palavra final: você vai, mas fico eu. Diziam até as más línguas que Jorge comparecera ao enterro de Abelardo só para se certificar pessoalmente que este havia mesmo morrido.

Agora as coisas se mostravam a Carla com outra feição. Talvez Jorge e Abelardo fossem amigos, ou tivessem sido, ao fim das contas. Poderiam até ter colaborado estreitamente durante algum tempo, antes que a vida desse aos dois destinos tão diversos. Ela não deixava de levar em consideração que a idéia de "A Infância de Adão", tivera-a Abelardo e não Jorge. Este logo aparecera como um colaborador, poder-se-ia dizer até como um seguidor. Porém, de que forma! Levara a teoria à prática imediatamente, enchera de carne literária viva o título instigante de Abelardo e sua concepção abstrata. Talvez lhe tivesse atalhado o caminho. Abelardo poderia querer, por exemplo, transformar sua metáfora em texto; mas como, se o amigo já a aproveitara? A colaboração entre os dois poderia ter-se transformado facilmente em inimizade — o ciúme intelectual tem menos rompantes, mas dura muito mais que o amoroso, este é um fato inegável.

Nesse caso, os versos de Jorge seriam concebivelmente uma reconciliação tardia. As personagens estariam lá para simbolizar o produto de uma colaboração perdida. Seria demais prantearem elas abertamente uma amizade desfeita há mais de quarenta anos, todavia não era impossível que estivessem a testemunhar a evolução de um talento que algo devia a Abelardo. A hipótese de que Jorge já estivesse um pouco esclerosado ao publicar seu poema não se sustentava minimamente, malgrado ter ele morrido menos de um ano depois do amigo de juventude: toda sua produção final, embora pouco criativa, estava perfeitamente articulada. Pensando bem, agora Carla o percebia, Jorge apenas publicara ensaios críticos no último ano de vida. Seu estilo não era, como não poderia ser, o de Abelardo, mas a escolha do gênero talvez constituísse uma menção ao falecido. Ou isso era imaginar demais? Mesmo a pergunta — quem de nós? — já adquiria outro sentido. Quem de nós dois? — parecia dizer. Com muito cuidado e algum escrúpulo, Carla propôs essa interpretação no capítulo de sua tese que haveria ainda de cortar. Na verdade, não sabia bem se estava decifrando um sentido ou se queria apenas valorizar sua descoberta. De qualquer modo, o pseudônimo escolhido por Jorge para sua Colaboração, Caim, era eloqüente o bastante para calar os eventuais argüidores. Claro que Caim respondia diretamente a Abel; claro que, por analogia ao Abel, de Abelardo, Caim, de Caetano, teria sido uma inspiração instantânea. Mas Caim matou Abel. Jorge teria já, aos vinte e poucos anos, a intuição de estar matando literariamente o companheiro? Ou, menos fantasticamente, desculpava-se por se estar apossando da idéia alheia?

A inveja matou Caim, mas quem morreu foi Abel, lembrou-se Carla, ao redigir seu capítulo cheio de dúvidas. Neste caso: quem seria o invejoso? Jorge apossara-se aparentemente da concepção programática do amigo, mas seria ela tão valiosa? Não decerto, quanto muito uma espécie de fantasia escatológica de um jovem candidato a escritor que desejava encontrar um rumo, de preferência um rumo absoluto, e um território livre de concorrência, por estar totalmente arrasado. Pois o que Abelardo propunha nada mais era que a abolição prática de todo o conhecimento e a instauração plena da incerteza como método. Em termos bíblicos, não se tratava de dar uma poda na árvore do conhecimento, para que desse novos frutos, mas de arrancá-la pela raiz. Nesse sentido, a resposta de Caim fora mais construtiva. Transpondo-a diretamente à ficção, fizera frutificar, ainda que só uma vez, a teoria de Abelardo, sem contudo tentar destruir literatura ou conhecimento. Enfim, fora a estirpe de Caim que povoara a terra, que criara as artes e

A INFÂNCIA DE ADÃO e outras ficções freudianas   183

ofícios humanos. Abel poderia ter sido o invejoso, por conseguinte. Invejando a capacidade do colega, afastara-se do terreno da produção, mal-humorado, e concentrara-se em impedir que Jorge chegasse a receber reconhecimento público. Não o conseguindo totalmente, havia-se empenhado em que o outro pelo menos não obtivesse o cobiçado prêmio decenal nem a decorrente independência financeira. História suja.

Agora, estavam ambos mortos. Carla não via meios de avançar além dessas hipóteses em sua autópsia intelectual. Por isso, voltou a pesquisar.

Sobravam-lhe uns meses. A tese estava praticamente pronta e gozava ainda da licença que a Universidade lhe concedera para a redação final. Entre os colegas e professores, ninguém tinha notícia de qualquer gênero de relação, fosse colaboração ou inimizade, entre Jorge e Abelardo. A quem perguntava, parecia que os dois haviam vivido em mundos completamente distintos. E assim fora, aparentemente. Não constava que se houvessem encontrado uma vez sequer depois de haverem tomado seus respectivos caminhos.

Cândido Abelardo, com seu espírito metódico, colecionara pacientemente cartas e documentos durante a vida, e deixara mesmo um diário, onde havia anotado pequenos eventos quotidianos e seus projetos de trabalho. Os arquivos da Academia Literária de Límbia permitiram-lhe prazerosamente a consulta. Nada havia do tempo d'A Caricatura nem muito menos referências a Jorge Caetano.

Já os papéis deixados por Jorge eram menos acessíveis, visto estarem ainda em poder de sua última esposa. Carmem, assim se chamava, não se mostrou demasiado entusiasmada com sua visita, principalmente quando soube ser Carla a autora de um trabalho sobre o crítico e não sobre o marido. Foi preciso muito esforço para que lhe desse licença de consultá-los. Ali havia um pouco de tudo, mesmo o que parecia ser a datilografia original de A Infância de Adão ela recuperou, embora faltassem notas que esclarecessem sua origem. Quando já estava por desistir da pesquisa inglória daquela distante briguinha de amigos, foi que encontrou, cuidadosamente separadas numa pasta, quatro cartas de Cândido Abelardo a Jorge Caetano.

"Querido Jorge", começava a primeira.

"Há sete anos trabalho para isso, mas enfim fui nomeado para a

Comissão do Prêmio Decenal de Literatura. Temos um ano para a próxima escolha e, como você bem sabe, tenho acompanhado a distância, porém cheio de admiração, sua carreira de escritor. Parece-me que você é um forte candidato, embora outros autores já consagrados possam tirar-lhe facilmente o lugar. Penso que é de seu conhecimento o tradicionalismo de nossa instituição. A maioria dos membros do júri é de opinião que não nos deveríamos arriscar com um talento promissor, senão reservar nossa indicação a alguém que já tenha escrito uma obra de peso, preferivelmente um grande romance. O valor de um poeta é tão sujeito a controvérsias... Você, que tem fôlego para isso, por que não tenta um romance?"

Em seguida, mudando de assunto, Abelardo falava rapidamente de sua vida e de seus sonhos. Estranhamente, não parecia em absoluto resignado a terminar a existência como crítico e professor, conquanto já estivesse bem estabelecido na carreira. Falava animadamente de um novo projeto intelectual, não muito distante do primeiro, aliás. Dessa vez procurava demonstrar ao amigo que, se a verdade de nossas vidas não pode ser conhecida, somos apenas o produto de um jogo de imagens e representações. "Decerto temos um corpo, nossa alma é um corpo deslocado, fora de lugar", escrevia, "mas é um corpo que não se pode conhecer, por ser insubstancial. Tudo o que vê de si é a roupa que vestiu numa certa ocasião. Pensa você que a memória imperfeita das inúmeras vestes usadas possa ser organizada de tal forma que chegue a recuperar seu corpo? Pessoalmente, não creio." Em seguida, confidenciava sua intenção de lançar algum tipo de manifesto ou movimento literário, com base nessa concepção.

Se o fez ou tentou realmente fazer, Carla não pôde descobrir. Porém, naquele ano Jorge retirara-se às margens do lago Amboré e febrilmente escrevera, em menos de seis meses, as quinhentas páginas magistrais de *A Alma Bem-Vestida*. Afora o título, que devia o romance à teoria de Abelardo? Difícil dizer. Todo bom romance é sempre um jogo de representações falíveis e de personagens que se desencontram de si próprias. Carla resistia à tentação de transpor diretamente a relação teórico-prática de "A Infância de Adão", texto imaturo e contingente, para *A Alma Bem-Vestida*, obra complexa, muito discutida até então e incessantemente reinterpretada. Ademais, se se extraíssem da

A INFÂNCIA DE ADÃO e outras ficções freudianas   185

nova teoria de Abelardo a linguagem psicológica e o desejo evidente de construir um paradoxo, nada mais sobraria senão uma das mais comuns receitas literárias: a dos homens que se procuram em vão nas circunstâncias da vida e nos papéis desempenhados. Caim teria roubado Abel pela segunda vez? Muito improvável. No máximo poderia ter sido levado a crer que o roubara.

A segunda e a terceira cartas eram muito mais lacônicas. Davam a entender que, sempre a distância, Abelardo acompanhava com interesse a evolução da obra de Jorge, que a conhecia bem e a apreciava com justeza. Por que nunca escrevera uma resenha sequer, uma pequena crítica sobre o antigo companheiro? É que nunca se sentira à altura. No entanto, como que para desmentir a opinião autodepreciativa, avançava uma ou duas observações extraordinariamente perspicazes a respeito da evolução da escrita de Jorge. E, o que realmente impressionou Carla, cada carta garantia a Jorge que estava do seu lado, que faria todo o humanamente possível para sustentar sua causa na Comissão do Prêmio Decenal — a terceira carta terminava assim: "para que seja sanada a grosseira injustiça que tem sido cometida contra você". E todas elas estavam datadas do ano que precedia uma premiação.

A quarta carta, ao contrário, datava de poucos meses depois da entrega do último prêmio decenal e era bastante próxima, por conseqüência, da data do falecimento de Abelardo. Diversamente das três primeiras também, estava escrita à mão, numa caligrafia trêmula, atestando o mau estado de saúde do autor. Dizia o seguinte.

"Meu velho e estimado Abel,

"Não é certo, eu nunca o traí nem traí nossa juventude. Afastei-me de você, como você se afastou de mim. Porém, se me permite pôr as coisas assim, a distância que medeia entre nós não se equivale: sempre estive muitíssimo mais perto de você, que você de mim.

"O estado de minhas artérias não me permite mentir, não estarei aqui para a próxima premiação, mas espero que você esteja e ganhe o prêmio. Então, já não fará diferença, será uma homenagem merecida aos seus oitenta e dois anos. Nada me faria mais feliz que vê-lo receber este prêmio, ao qual dediquei minha vida. Pena, mas não será possível.

"Os boatos que chegaram a você são verdadeiros. Desta vez, era eu o presidente da Comissão. Confesso-o, quebrando o compromisso de sigilo da Academia, sigilo um pouco tolo, de qualquer maneira. Sempre se fica sabendo quem foi. Suas suspeitas tampouco são infundadas: opus-me fortemente a que fosse você o ganhador, o que quase me custou a posição na Academia. Achavam que, preteri-lo mais uma vez, poderia desacreditar nossa instituição. Além do mais, meus colegas já estavam fartos de minha oposição ferrenha a seu nome, desde a primeira vez. Sim, há trinta anos, alguns dentre nossos notáveis já achavam que você o merecia, pelo seu talento: a norma de reservar o prêmio para um autor de romance, ou de obra consagrada, só então se firmou, e graças a muito empenho meu. Desejavam pelo menos convidá-lo a ingressar na Academia, como consolação. Você pode imaginar semelhante absurdo?

"Hoje pensam que dediquei minha vida a prejudicá-lo e assim parece sentir você. Deus sabe como estão enganados.

"Desde nosso tempo de faculdade sempre admirei sua persistência e espírito de luta. Você invejava meu talento para a ficção, mas sem motivo. Para ser um escritor é preciso mais que talento, é preciso uma alma combustível e a disposição para voluntariamente a queimar. Isso nunca tive. Dava-me pena sua intenção de tornar-se professor e crítico literário.

"Quando você ideou aquele movimento, que batizei de "A Infância de Adão" — lindo nome, não é verdade —, uma idéia foi-se formando em meu espírito. Não conseguia demovê-lo de seu desejo apressado de fama e reconhecimento, coisa que nunca tive, mas admito ser fundamental para um escritor. Porém, era evidente que o primeiro passo para atingir reconhecimento nunca poderia ser o de passar para o lado dos juízes que o dispensam. Seria a morte de sua criatividade. Então escrevi minha Colaboração. Sabe que foi minha primeira e última obra de ficção? Nunca mais escrevi nada do gênero, apesar de quase morrer de vontade. Minha ficção tem sido a vida — perdoe este desabafo de má poesia. Melhor dizendo: minha única personagem foi você.

"A idéia que se formou? Era bem simples. Por um lado, transformando seu movimento sem futuro numa obra concreta, ainda que medíocre, penso que fechei a porta de seu rumo equivocado. Depois, você talvez possa admitir que lhe leguei meu estilo de escrever, meu bem mais precioso. Não teria sabido que fazer com ele. Mas

A INFÂNCIA DE ADÃO e outras ficções freudianas   187

você, como o aproveitou! Hoje, já não me reconheço em seus escritos, é natural. Há, contudo, em sua obra certo espírito de ironia, certo gosto em explorar contradições e paradoxos, certo uso pseudoalegórico, que talvez constituam minhas pegadas ainda reconhecíveis. A diferença está, provavelmente, em que você é capaz de inflamar-se com uma alegoria intelectual e criar um mundo de figuras vivas e independentes a partir dela que, ao fim, a desmente. Eu nunca teria ultrapassado o uso inteligente e a escrita provocativa. "Quanto ao prêmio, não era difícil traçar meu caminho. Foi uma luta e tanto. Você não imagina quantas festas enfadonhas, quantas manifestações implícitas e explícitas de subserviência pessoal, mas, sobretudo, de acomodação intelectual, custaram-me entrar tão cedo para a Academia e fazer-me incorporar na Comissão. Mas o Prêmio Decenal valia o esforço, era um meio de adquirir poder sobre você e sobre sua vaidade.

"Você me conhece meu amigo. Sou consciencioso: nosso prêmio sempre foi entregue a um autor de merecimento, sempre ao segundo mais indicado, depois de você.

"Se você o tivesse recebido aos quarenta anos, em que se teria transformado? Num escritor acadêmico, plagiando sem cessar sua própria obra, fazendo motes infindáveis de *A Alma Bem-Vestida*. Honestamente, acho mesmo que não o merecia, até então. Promessa é dívida, não é motivo de recompensas. Você era só uma promessa e a primeira prestação da dívida pagou com seu romance. Acho que o inspirei. Sério. Não tanto com minha "teoria", que era só uma paródia de sua velha idéia, adaptada à estrutura de um romance. Não, inspirei-o a vingar-se em grande estilo de meu pequeno conto. Quando você me enviou o manuscrito, quase fraquejei e votei por você. Como pôde ir tão fundo em tão pouco tempo? Ah! A força do ressentimento...

"Mesmo agora, quando os dois já passamos dos setenta e pouco me resta a fazer neste mundo, ainda espero que esta carta, além do novo adiamento do famoso prêmio decenal, venham ambos a ser combustível suficiente para sua produção futura. Não deixe que seu ressentimento se apague, meu Abel. Odeie-me e escreva.

"A propósito, eu lhe escrevo esta carta numa máquina que não é minha e sem cópias. Recomendo-lhe que a queime, logo depois de ler. Nem sonhe em fazer um escândalo, que só o prejudicaria. Se você a der a público, vão pensar decerto que é mais uma de suas brincadeiras literárias, e esta de péssimo gosto, mexendo com um velho fora de combate, ou com um morto recente. Se preferir, considere-a uma ficção particular. Terá sido minha Segunda Colaboração.

"E lembre-se: felizmente, seu sucesso, não é o meu.

Carinhosamente seu,

Caim"

O dia raiava sobre o mar. Carla examinou cuidadosamente a garrafa de champanha, para se assegurar de que não sobrara uma gota sequer. Acendeu o último cigarro do maço. A cama, ao lado, parecia-lhe tão convidativa, quanto inatingível. Retomou seu texto. Relendo a carta final, cuja cópia xerox incluíra no capítulo suprimido da tese, Carla perdeu-se pela centésima vez numa meditação angustiada. Deveria tê-la publicado? Mas, se o tivesse feito, o mundo cairia, e adivinhem sobre quem. No fundo, que havia encontrado entre os papéis de Jorge? As três primeiras cartas, ela se certificara, haviam sido escritas por Cândido Abelardo: o tipo da máquina fora reconhecido no jornal e a assinatura era a sua. Quanto a isso, nenhuma dúvida. Por outro lado, também não pairavam dúvidas de que a caligrafia trôpega da última carta conferia inequivocamente com a de Jorge Caetano.